Rolf Friedrich Schuett

Quanten, Quarks und Strings im Kopf

Abertausend ewig neue Aphorismen

ROLF FRIEDRICH SCHUETT

Quanten, Quarks und Strings im Kopf

Abertausend ewig neue Aphorismen

Books on Demand

Bibliographische Information Der Deutschen Bibliothek:
Die Deutsche Bibliothek verzeichnet diese Publikation in der
Deutschen Nationalbibliographie; detaillierte bibliographische Daten
sind im Internet über http:// dnb.ddb.de abrufbar.

Copyright © 2017 Rolf Friedrich Schuett

Herstellung und Verlag :
BoD – Books on Demand, Norderstedt

Gedruckt auf alterungsbeständigem Papier (holz- und säurefrei)

Umschlaggestaltung : E. L. Schmidt

Printed in Germany

ISBN 978-3-7347-7728-8

„Das Reich der Freiheit ist eine Hinterwelt." *(Max Horkheimer)*

„Alles, was wir denken können, denkt selber." (Novalis)

„Wahrheit aber ist kein Satz." *(Kurt Marti,* 1995)

„Die Welt ist an sich selbst Nichts." *(Immanuel Kant)*

Für Elke

Kurz und gut oder lang und breit?

„Er verkörperte innerhalb dieses Jahrhunderts, und zwar gegen die Geschichte, den lebenden Erben jener langen Reihe von Moralisten, deren Werke vielleicht das Originellste darstellen, was die französische Literatur hervorgebracht hat." (*Jean-Paul Sartre* : „Albert Camus", *Les Temps Modernes*, 7. 01. 1960)

Medien tun mehr gegen Bildung als Bücher dafür.

Das einfache Leben ist ein Vorrecht der Reichen,
das mehrfache ein Naturrecht der Armseligen.

Aphorismen sind Regeln, denen die Ausnahmen von den Regeln folgen.

Was man in der Geschichte vergessen will, muss man nur aufschreiben.

Gott ist tot? Erst mundtot gemacht, dann totgesagt, dann totgeschlagen, dann totgeschwiegen – und dann dein Totengräber.

Wer kommt hinter sein Dahinterkommen? Wer Probleme hat, ist eins, doch wie löst sich das Problem, ein Problem nicht lösen zu können?

Ist alles nur Projektion, dann auch *das*, und *dass* Gott nur Einbildung sei, ist ja dann auch nur Einbildung.

Werte und Normen sind relativ – zum Absoluten, nicht zu uns:
Natur- und Sittengesetze sind Seine Satzungen, nicht deine.

Geistloser Kampfgeist der Sportskanonen : Weltkrieger ohne Kanonen.

Computer wollen das Klima in drei Jahrzehnten wissen
und können nicht mal das Wetter in drei Tagen prophezeien.

Fakten dürfen Theorien nicht besser erklären als Theorien die Tatsachen.

Scheinheilige im Leben fürchten den Scheintod im Sarg.

Philosoph : Weltbeleuchter als Blickwinkeladvokat.

Vermögen erzeugt mehr Zeugungs-, Willens- und Urteilskraft
als Arbeitskraft Kaufkraft.

Ist dumm, wer dumm „dumm" nennt? Noch im 19. Jh. waren Akademiker
Christen, nun sind sie A(nti)theisten – Früchte tiefen Nachdenkens.

Lärm verbannt die Stille, um nicht von Schweigen verbrannt zu werden.

Erst nimmt dir die Macht, dann der Tod alle Entscheidungen ab,
die über die Wahl zwischen Waren hinausgehen.

Man leidet unter Besseren wie unter Böseren.

Durch Religion wollen sich die Guten besser machen,
die Schlechten nur besser fühlen.

Nur der erste Edelmann kann es sich leisten, wie der letzte Landmann aufzutreten. Die Etikette ist für alle dazwischen.

Gefällst du mir und siehst das, gefällst du dir und siehst mich.

Sucht man Gemeinschaft, um ungestraft gemein zu sein, und die Einsamkeit, um unwidersprochen gut zu sein?

Fordere für dich, als würdest du für andere fordern – und umgekehrt.

Jeder kann solange gut leben, wie er sich nicht bessert, und sich bessern, solange er nicht lebt.

Musst du nur gegen das, wofür du nichts kannst?

Leben : Lieber nichts Ungewolltes haben als Gewolltes nicht haben?

Sklaven schufen Adelsmuße, Maschinen schaffen Bürgerfleiß.

Heut ist man lieber freiwillig im Unglück als zu seinem Glück gezwungen.

Gefahr sieht der Künstler im Misserfolg und droht ihm vom Erfolg.

Un petit peu. Der kleinste Aphorismus kriegt Kleines nicht klein.

Nichts ist so groß, das sich nicht in einen Aphorismus zusammenfassen, und nichts so klein, das sich nicht zu einer Bibliothek auswalzen lässt.

Aphorismen zur Volks- und Naseweisheit
Des Pudels Kerne, Sächelchen und kleine Fische

„Wir sind um der fast unmerklichen Variante willen da. Die geringe Abweichung ist unsere ganze Freiheit." (Botho Strauß: *Vom Aufenthalt*, München 2012, S. 278)

Sportler bekämpfen einander statt ihre Veranstalter.

Dialektiker Hegel brachte System in den Geist,
Aphoristiker Schlegel Esprit ins System.

Es braucht Mut, um böse zu werden, und Feigheit, es zu bleiben.

Um mehr wie wir zu sein, musst du mehr als wir sein – und umgekehrt.

Gewicht erhebt und zieht runter, und Langweiler langweilen sich nicht.

Heut wird man zum Objekt gemacht, indem man zum Subjekt erklärt wird.

Meta(ll)physik : Nur Gold kann zeitweise von Eisen weglocken.

Gesetz ist mir Befehl, wenn dein Befehl mir Gesetz wird.

Sei reicher, als Feinde fürchten, und ärmer, als Erben hoffen.

Vom Besitzen besessen, frisst man sein Gefressenwerden.

Was Wahrheit nicht mehr in den Mund nimmt, nimmt Lüge in die Hand.

Zellen füllen einander und passen Insassen wie angegossen.

Sartre und de Beauvoir konnten keine Töchter zu Geliebten machen und adoptierten Geliebte als Töchter, *c'est la femmille.*

Wer die Macht bekämpft, kämpft für die Ohnmacht.

Recht ist nicht Rache, aber ihr gutes Gewissen.

Kriminelle wären zum Krimischreiben zu verurteilen, doch ein Ritter vollbringt als erste und letzte Heldentat, keine Ritterromane zu schreiben.

Güte macht (Vor- und Schaden-)Freude,
Bosheit macht (Mords- und Heiden-)Spaß.

Du rührst dich wenig, da es schmerzt,
und es schmerzt, da du dich wenig rührst.

Bist du zart und mild zu dir, wirst du hart und wild zu mir, und umgekehrt.

Umweltkriege. Der Stechschritt vom Ganzheitlichen zum Totalitären geht nicht weiter als der Fortschritt vom Organismus zur Organisation.

Aus etwas Falschem folgt alles, Wahres wie Falsches, also nur Falsches.
Also ist alles falsch. *Q.e.d.*

Green (res)sources. Weltverschmutzung ist reiner als Wertverschwendung.

Schlechtes Gewissen ist Angst vor schlechtem Ruf bei Gott und der Welt.

Sei getrost untröstlich,
dass du dich und mich so schnell auf Zukunft vertrösten kannst.

Mit welchen Augen siehst du deine Augen sehen oder nichts sehen?

Helle Hölle. Wo steht uns der Kopf, wenn er auch sich selbst auf den Kopf oder auf die Füße stellt?

Nützlich oder schädlich ist noch nicht wahr oder falsch und umgekehrt, sagen Wahrsager *und* Pragmatiker.

Man besitzt sogar Verluste : Man *hat* gehabt.

Man liebt und hasst jetzt ganz gerecht – *ohne Ansehen der Person.*

Wahrheitsliebe mag sadistisch sein,
doch nicht jeder Quälgeist wissensdurstig.

In einem Buch taucht die Welt auf, damit das Buch in der Welt erscheint.

Poptimierung der Fressefreiheit. Das Publikum ist die Schauspieltruppe, und der Autor ist Zuschauer der Zuschauer.

Kunterbunte Kontrapunkte

„Proletarier aller Länder, geht auseinander : Die alten Bücher irren.
An einem Sonntag wurde die Welt geschaffen." *(Vladimir Nabokov)*

Bürger tauschten totalitäre Freiheitskämpfe gegen emanzipierte Kerker.

Die Arbeiterin *emanzipiert* sich von Familienbanden für das Fließband.

Schlechtgesagte Wahrheiten sind noch nicht gutgesagte Lügen.

Nun mal los! Handeln sucht Probleme loszuwerden, ohne sie zu lösen.

Einst war Natur ganz unmoralisch, nun ist Unmoral ganz natürlich.

Einst störten Physiker die Frommen, nun stören Alchemisten die Chemiker

Genießen kannst du nur noch, was du nicht mehr glaubst und verstehst.

Kunst zeigt schönste Hässlichkeit, hassenswert Liebliches,
ignorante Klugheit, boshafte Güte und wahrhafte Lüge.

Bürger, die Abenteuer suchen, sind Maulhelden, die Geisteshelden mimen.

Wer der Sache tatsächlich auf den Grund geht, fällt zu Boden der Untat-Sachen, und wer mir auf den Grund geht, fällt sich in den Abgrund.

Wer noch zum Arzt gehen kann, ist dafür noch nicht krank genug.

Arbeit ist Flucht vor oder Erholung von der Kunst (spielende Mühsal).

Kein Wissen ohne Blindheit, keine Klugheit ohne Angst,
kein Talent ohne Flucht.

Kant erklärte mich zum Gesetzgeber, der sich zum Gesetzesbrecher macht.

Ein Problem ist dein größtes, außer du löst es. Es gibt nichts Bestes,
außer man lässt es, und es gibt nichts Schlimmstes, außer du nimmst es.

Menschenrechte hat jedes Individuum, das gesellschaftlich abgeschafft ist.

Mit Sitz im Satz. Stell oder leg fest, dass nichts mehr feststeht als festsitzt.

Der Mensch wurde so sehr Kunststoff, dass er das Kunststück fertig bringt,
mehr Mitmachwerke und Mundwerke als Kunstwerke zu brauchen.

Rückblick verjüngt, Planung macht alt und Geistesgegenwart zeitlos.

Abscheuklappen. Werden ist gewesen und Sein wird sein,
oder sind Lebewesen gewesen und werden werden?

Sehnsucht nach Sehnsucht. Es wird uns zu viel, wenn wir von allem
zu wenig haben, doch ist uns viel zu wenig, dass wir zu viel kriegen.

„Gutes, wenn kurz, ist doppelt gut." *(Baltasar Gracian)*

„Doch wir sehen, dass zu jeder Zeit und in allen Landen das Denken der beschaulichen Geister Ärgernis erregt." (*Anatole France*: „Abbé Coignard")

Philosophie : „Weg zu Gott ohne Gott" *(Edmund Husserl)*

Nichtlineares Chaos ist primitiv, einfaches Gefühl *neuronal überkomplex.*

Weltereignisse wurden Kleinkram, Haarrisse sind die Apokalypsen.

Gesellschaft : Besserer Katastrophenschutz schafft bösere Katastrophen.

Welt blendet; sie öffnet die Augen dir erst, wo es nichts mehr zu sehen gibt

Welche Dunkelverliese erlösen von totaler Freiheit des Beliebigen?

Sehenden Auges lässt auch Einsicht sich absehbar blenden
von An- und Absichten angesehener *blinder Seher.*

Theorie & Praxis. Denken heißt „Kopf hoch", Handeln heißt „Kopf ab".

Wer nicht viel denkt, lebt weniger als einer, der nichts als denkt.

Frei ist nur Zweckfreies und mutloser Unmut wie unbewusstes Wissen.

Ist schneller Sieg über Schlechtere besser als Dauerstreit mit Besseren?

Ein besseres Buch ist die bösere Rache an den Lesern.

Wer deine erfolglosen oder erfolgreichen Nachfolger verwünscht, wünscht noch nicht dich zurück.

Als klein gilt, wer seinen Verdienst nicht kleiner sieht als sein Verdienst.

Alle sterben unwissend und Unwissende nie aus.

Urteilsvermögen bringt heute nicht mehr Vorteile als Bankvermögen.

1000. Nur unser Verstand steht wie eine Eins vor uns Nullen.

Der Wahrhaftige ist eher der Teufel als Klugheit schon die Wahrheit.

Nutzloses Wissen ist so unvergänglich wie der „unnütze Esser".

Schwermütiger Kopf schlägt den Mut, nicht der Kühnere den Klügeren.

Du bist abhängiger von denen, die von dir abhängen.

Aus Falschem folgt auch Wahres, aus Wahrem nichts Falsches :
Aus allem Falschen folgt alles, das Wahre wie das Falsche. *Q.e.d.*

Fertigkeiten, Fertiges wie Unfertiges machen fertig.

Der Mittelständler wird als Sklave gehalten, der Sklaven halten darf.

Goethes „Faust" zu schreiben, war gar keine Kunst : Bei *dem* Talent!

Wer schneller (ver)fällt, kommt schneller oben an.

Der Markt produziert Junkies, die nicht mehr missen können,
was sie nie vermisst hatten.

Ich kann etwas denken, da es da ist, und es ist da, da Gott es gedacht hat.

Wer keine Antworten erhält, muss nicht dumm gefragt haben,
und wer gar nicht fragt, erhält zu viele.

Nichts wird unterschätzt, Sein überschätzt und Werden nur verschätzt.

Was philosophische Aphorismen zum System verbindet, ist sophistischer Mörtel; was philosophische Systeme sprengt, ist aphoristische Sophistik.

Sprache heißt: Der Mensch ist ein Maulheld, der vom Maulaffen abstammt

Gott wurde anders Mensch als der Affe. Haben sich beide verschlechtert?

Mit Revolutionen lassen sich Gewinne sichern, ohne sie Gewinne machen.

Wer Rechtsbrecher straffrei lässt, raubt ihnen das Recht auf Sühne.

Kunststückwerk : Brösel im Streulicht

Karl Marx : „Jeder Mensch und jedes Buch lässt sich auf drei Seiten zusammenfassen, und diese drei Seiten lassen sich auf drei Zeilen reduzieren."
Und diese drei Zeilen auf einen Aphorismus.

Ein Volk der Dichter *und* Denker wäre ein Volk von Aphoristikern.

Scharfsinn beginnt damit, sich Stumpfsinn zu nennen,
und Tugend damit, sich Laster zu schimpfen.

Immer spielt man einen Menschen, der den Menschen nicht nur spielt.

Die Vorsehung steckt im Zufall, der Zwang in vorsichtigen Prognosen.

Mein Fuß ist schneller als die Hand, die Hand ist größer als das Hirn.

Fester Wille darf mehr – und Not lehrt mehr – als freier Wille.

Heimat? Deutsche sehnen sich dauernd dorthin,
wo sie sowieso schon lebenslänglich sitzen.

Rabenvaterland, Leihmuttersprache, Bruderkriegsschauplatz
oder das eigene Kaff als Utopia.

Der Affe wurde zum Menschen raufgeprügelt,
Gott zum Menschen runtergebetet.

Man denkt mit Ellbogen und handelt mit Köpfen.

Die Reiche der Reichen, die Arme(en) der Armen : Heim ins Reichsein!

Ein Sakrament wird bald zu dessen Sakrileg.

Man soll mehr als zwei Herren dienen und sie gegeneinander ausspielen.

Wer nur seine Zukunft fürchtet, den fürchtet keine Gegenwart.

Gebt Cäsar, was des Teufels ist : Nehmt dem Kaiser, was des Volkes ist.

Mach deinem Schöpfer und der Evolution keine Komplimente über dich.

Wer seine Ansichten nicht verkaufen kann, muss sie ankaufen.

Fans verraten dich, Gegner bleiben dir treu.

Nachts leiten uns Blinde, tags führen wir Sehende.

Mach dir lieber Vor- und Nachfahren als einen Vor- und Nachnamen.

Beamte sind der Adel der Demokratie und bummeln sich an ihr 1789.

Wer Satan nicht überwinden will, muss ihn nicht übertreffen.

Auch der Affe stammt nicht direkt von einem Gott ab.

Wieviel Herzlosigkeit doch ins kleinste Herz hineinpasst!

Die schönste Rose hat schmutzige Wurzeln,
das niederste Geschöpf den höchsten Schöpfer.

Nur ein Mensch kann Affe, Schwein, Kamel, Esel, Wolf und Schaf werden

Wissenschaft sieht Götter durch Mikroskope, Mikroben durch Teleskope.

Erträgst du nicht mehr das Nichts, das du vor der Kunst bist,
hast du sie verstanden.

Gute Kunst macht schlechtes Gewissen,
das Verwundete zu Bewunderern macht.

Durch Brillen fällt mehr Scheiße ins Auge, als Klobrillen zu sehen kriegen.

Todesstrafe steht nur auf Bereicherung der Armen auf Kosten der Reichen.

Die Arbeitswelt macht krank : Der Klügere gibt nach.

Der HErrgott soll die Knechte vor den Herren schützen – wie der Kaiser.

Macht hat, wem keiner sagt, was er kann.

Auf- und abschließende Bemerkungen zu Welträtseln in Nussschalen

Versammlungsfreiheit ist kein Zerstreuungszwang.

Der Ernst des Lebens spielt Gott und Satan gegeneinander aus.

Der Geist sieht, warum und wozu das Auge etwas (nicht) sehen kann.

Erkennt der sich selbst, den niemand selber kennt?

Wem was fehlt und wer was hat, ist gar nichts, nicht einmal reich.

Gelungen ist entweder ein Bild oder was es darstellt.

Ein Atheist glaubt, es sehe Gott, wer nur so ins Leere blickt.

Wer nichts (Besseres) zu tun hat, tut das besser nicht zuhause.

Ich rühme den, der mich rügt : beide irren.
Du rühmst mich, der dich rügt: keiner irrt.

Nachdenken? Nach Denken kommt Sprechen in Widersprüchen, die das Handeln abtun.

Dumme Sprüche : Auch große Schriftsteller altern zu bloßen Satzstellern.

Kein Wunsch, nur Unrecht schafft Not;
kein Wunsch, nur Not schafft Rechte.

Das Absolute (Abgelöste) ist das Geistreiche, beweglicher Esprit: Das einzig Wahre wäre das große Ganze *aller* aphoristischen (abgelösten) Ideen.

Zünfte : Halbweltmeister machen Hochschullehrlinge aus Spießgesellen.

Konsumistisches Manifest : Proletarier aller Länder, zerstreut euch!
Kommunikationsmanifest : Kontraletarier aller Vaterländer, einigt euch!
Kommunionsmanifest : Trauerarbeiter aller Länder, verallgemeinert euch!
Kommunales Manifest : Vereinsmeier aller Bundesländer, vereinzelt euch!

Mancher Siebzehnjährige war so depressiv, wie der Siebzigjährige alt ist.

Setz den in die Welt, der sich mit deiner auseinandersetzen soll.

In der Antike war *Lykophron* gegen Geburtsprivilegien, *Alkidamas* gegen Sklaverei und *Phaleas von Chalcedon* für gleichen Besitz aller …

Wer auf dem geistigen Trimmrad so oft ins Schwitzen kommt wie auf dem körperlichen, macht sich ständig Gedanken, ohne mal nachzudenken.

Der Philosoph ist ein Psychiater, der Geisteskrankheiten diagnostiziert, wo andere den gesunden Menschenverstand sehen – oder umgekehrt.

Autoren schreiben zu viel, ihre Leser zu wenig.

Ein reiches Innenleben wähnt, es gebe mehr Meereswelt im Wassertropfen als Wassertropfen im Weltmeer.

Ein Riese besteht aus dem Zwerg auf seinen Schultern. Nietzsche war ein kurzsichtiger Sitzzwerg auf den Schultern seines Übermenschen.

Der Blick ist eine Theorie, der Bauch liefert Beispiele,
die Brust widerlegt sie, und das Bein vergeht sich.

Bloch wollte Kant mit Marx verwirklichen
und sah Platon durch Stalin realisiert.

Staat und Gesellschaft oder: AbstrAktionen von Konkretins. Ist das große Ganze Ursache, Wirkung, Mittel und/oder Zweck seiner lebenden Teile?

Die Arme der Armen reichen den Reichen die Reiche, bis es ihnen reicht.

Dichter und Denker. Ich. Ich und Goethe. Ich und Goethe und Kant. Kant und Goethe und ich. Kant und Hegel und Goethe und Schiller. Ich.

Arme, die Reiche mimen, wetteifern mit Reichen, die Bettler spielen.

Wer den Himmel sieht, träumt von der Erde – und umgekehrt.

Im Himmel sind weder die Guten noch die Schlechten oben.

Eigenliebe ist unbeliebt bei fremder Eigenliebe.

Atheisten sind vom Gesetz nicht genügend vor sich selbst geschützt.

Mehr Feinde haben gute Menschen zu lieben als böse zu fürchten.

Freunde hat man anders als Geld und Glück, Feinde aber wie Pech und Not

Je mehr Menschen du liebst, desto weniger Bücher. Manche hassen beides.

Vernunft schließt von mir auf die Gemeinschaft,
Verstand von der Gesellschaft auf mich.

Feigheit hüllt sich in Menschenwürde und Buchumschläge.

Wissenschaft gehorcht Naturzwängen, um uns zu beherrschen.

Frei fühlt sich, wer nicht weiß, was er morgen tun wird.

Vernunft heißt die Alternative zu Verstand und Dummheit,
Eigenliebe und Selbstlosigkeit.

Wer zu sich kommt, kommt noch nicht zu Bewusstsein,
und wer zur Vernunft kommt, noch nicht zur Sache.

Du täuscht die Welt länger, als sie dich zu enttäuschen geruht.

Lernen heißt : Weder vergeben noch vergessen.

Man kann nur Gutmensch, Bösewicht, Idiot oder ein bloßes Ding sein.

Wissenschaftler verwandeln Praxis und Fakten in Theorietests.

Dem Gerechten widerfährt mehr Unrecht als dem Ungerechten (Recht).

Demokratie : Selbstbeherrschung des Volkes.

Der Staat ist ein allgemeines Machtmittel, alles gemeine Volk
mit Gewalt an der Macht zu halten und zu hindern.

Gesunder Menschenverstand trügt. Er sieht nichts falsch, er sieht gar nichts

Arbeit vertreibt die Langeweile zwischen Wunsch und Nichterfüllung.

Willensfreiheit ist die Wahl einer ganzen Partei.

Philosophie ist Offenbarungsreligion der Unwahrscheinlichkeitsrechnung.

Die Welt ist unverbesserlich, aber gut;
der Mensch ist schlecht, doch verwüstlich.

Feindesliebe : Gefühlskolonialismus.

„Großes erreicht der Geist nur sprungweise." *(Vauvenargues)*

„Gibt es einen Menschen, den der unselige Ehrgeiz quält, ein Buch auf einer Seite zu bieten, eine ganze Seite in einem Satz und diesen Satz in einem Wort – so bin ich es." *(Joseph Joubert)*

Mein Mitleid spekuliert auf dein künftiges.

Der Gerechte, der dem Allmächtigen gefällt, missfällt allen Mächtigen.

Gedanken lachen über weinende und weinen über lachende Gefühle.

Lüstlinge ergreifen, Liebende sind ergriffen.

Denken heißt auch den eigenen Kopf leerlesen und vollschreiben.

Existenzkampf ist Todeskampf als Machtkampf, den der Feigling gewinnt.

Wahr und Falsch sind keine Ideologien des Allmächtigen.

Von Gesellschaft kann man nicht leben, aber überleben,
und Freiheit ward zur komfortabelsten Form der Sklaverei.

Für Abhandlungen ist der Grund einer Handlung ein Grundsatz.

Der Anarchist ist ein gesellschaftsunfähiger Demokrat
und Demokratie der Despotismus rhetorischer Talente.

Wer alle übertrifft, die ihn übertrumpfen, denkt.

Der Sinn allen Lebens ist eigentlich Sinn fürs Leben im eigensinnigen All.

Dein Naturell ist die Summe dessen, was du nie kennengelernt hast.

Der Gelehrte soll auch praktisch sein, der Praktiker aber nie gelehrt?

Leere Taschen. Du spürst deinen leeren Bauch, nicht deinen hohlen Kopf.

Seine Opfer machen den Kritiker unsterblich.

Man kann auch unreif verfallen.

Gedemütigt ist, wer das genießt.

Wer sich seines Lebens so sicher wäre wie seines Ablebens!

Egoismus ist groß, doch nie stark genug, ihn bei anderen zu dulden.

Löse meine Fragen, lüfte meine Geheimnisse in dir und deine in mir.

Unbrauchbare wissen niemanden zu gebrauchen.

Sklaverei gilt höher als jeder Krieg, der sie abschütteln will.

Die *Sieben Todsünden* wurden Karrieretipps:
Hoffahrt – gesundes Selbstbewusstsein
Geiz – gesunde Geilheit und Sparsamkeit
Unkeuschheit – gesundes Liebesleben
Neid – gesunder Konkurrenzeifer
Maßlosigkeit – gesunder Selbsterhaltungstrieb
Zorn – gesunde Aggressionsabfuhr
Trägheit – gesund entschleunigte Gelassenheit

Ein Naturell hat nur Glück, wo es selbst schon ein Glücksfall ist.

Verrückt nacheinander? Unscharf aufeinander hintereinanderher.

Adam und Eva erkennen sich, *obwohl* sie einander kennen.

Wäre alles so wie die Liebe, gäbe es keine Erkenntnisse – und umgekehrt.

Ob man etwas beherrscht oder nicht, man fällt darauf rein.

Schicksal : Wer Neues wagt, hat das Geschick, ungeschickt zu sein.

Ein Aphorismus ist nicht größer als jeder seiner Satzteile.

Die Allgemeinheit weiß nichts Allgemeingültiges.
Ihre Gegner im Allgemeinen auch nicht.

Die Schöpfung ist ein Todesurteil über unsere Urteile,
und jedes Weltbild verurteilt dieses Urteil.

Nichts wirkt leichter wahr als Schwerverständliches.

Ruhmsucht und Menschenkenntnis kennen sich nicht.

Freunde inspirieren sich nicht. Liebe deine Feinde!

Erst in Leichen sind Leib und Seele eins.

Bürger haben von Poesie nichts als ein unklares Bild von Unklarheit.

Vorurteile werden am sichersten verurteilt von Vorvorurteilen.

Die klare Sprache verschweigt die unklare Sache.

Macht macht sich gerecht als Gegengewalt.

Moral : Leicht macht vielleicht alles, wer es sich nur schwer macht.

Bilder beurteilen so wenig, wie Begriffe ausdrücken.

Zu Selbstbewusstsein und Selbstüberwindung gehören mindestens Zwei.

Das Gefühl für Wahrheit steigt und fällt nicht mit Wissen und Klugheit.

Der Wille ist nur selbstlos, ohne es selbst zu wollen.

Gott heißt, wonach auch Vollkommenes sich sehnt.

Mancher hält sich für gut, um sich nicht verbessern zu müssen,
und für schlecht, um sich verschlimmern zu dürfen.

Wird Gott nicht für tot erklärt, dann für geisteskrank.
Tötet er und macht zurechnungsfähig, um beides zu widerlegen?

Ich press dich an mich, damit du mich nicht (an)rührst.

Deine Werte und Prinzipien kennst du besser als dich.

Erst will man, dann kann man, dann darf man,
dann muss man, dann will und kann man nicht mehr.

Bessere Menschen sind unbrauchbarer, nützliche schlechter.

Störer werden zusammen mit Zerstörern vernichtet
und Zweifler zusammen mit Verzweifelten behandelt.

Die einander nicht enttäuschen, täuschen sich.

Die Welt besteht aus zwei Halbwelten, doch eine ganze Schafherde ergibt
eher eine Schafsidee als einen einzigen Wolf in ihrem Fell.

Wer auf Widerstand stößt, erfährt eher die Wirklichkeit
als die Wahrheit über sie.

Viele sind lieber böse und verdorben als dumm und hässlich.

Über deine Quälgeister weißt du zu viel, über deine Wohltäter zu wenig.

Helden werden Gangster und Geisteshelden Sklaven.

Schutz kostet so viel Gehorsam, dass Unbotmäßigkeit oft sicherer ist.

Böses wird besser gesagt als Besseres.

Am meisten stört Egoismus an Klugen.

Der Rügende gleicht dem Gerügten, der Rühmende nicht dem Berühmten.

Tollkühnheit ist leichter als Tapferkeit, Askese leichter als Familienleben.

Lieber alle rühmen als keinen rügen !

Nichts ist genießbarer als Geringgeschätztes.

Popkultur : Unpersonenkult.

Um ein besserer Mensch zu sein, genügt es kaum, sich schlecht zu fühlen.

Jedes Argument für etwas nährt den Zweifel daran.

Ein Kind, das schon an selige Vergangenheit denkt,
und ein Greis, der noch von besserer Zukunft träumt, verstehen sich.

Keine Selbsterkenntnis ohne Selbstbeherrschung ohne Selbstbedienung.

Der Kopf schmerzt von Nebenwirkungen der Seelen- und Naturheilmittel.

Wer sich auf Erden fremd fühlt, fiel deshalb noch nicht vom Himmel.

Plattdeutsch : *Watt mutt, datt mutt*, unn watt nich will, datt schall uck.

Der Aphoristiker verkürzt sich die Zeit der ganzen Weltgeschichte.

Wer viel Unsinn denkt, ist weniger sinnlich als eigensinnig.

Der Tod tut nichts : Am Nichts wird das ewige Nichtstun gefürchtet.

Geschlossene Augen sehen eher schwarz als die Nacht.

Wissenschaftler befreien uns von der gefürchteten Willensfreiheit.

Offen zeigt man nur alles, was nicht alles offen zeigt.

Wer selbst einen Einfall hat, grübelt andern eine Grube.

Utopia erreicht jeder, seine Heimat keiner.

Tyrannen züchten Terroristen, um uns vor ihnen schützen zu können.

Der Sinn des Todes ist der Starrsinn des Lebens, nicht Trübsinn.

Freier Wille wählt den Grund, aus dem er etwas getan haben will.

Drinnen zu öd, draußen zu blöd? Scheinheiliger Augenschein im Sonnenscheinwerfer ist anscheinend der Fahrschein zur Wahrscheinlichkeit.

Der Egoist will nur in Ruhe gelassen werden von dem, den er in Ruhe lässt

Gelassenheit will vor allem aus der Fassung bringen.

Jeder fordert, was ihm fehlt, Mut, Toleranz und Gerechtigkeit.

Weder das Kapital noch „Das Kapital" nährt die Armen, die es schufen.

Ein gutes Mitglied der Gesellschaft steht nicht zu gut mit Gott.

Märchen erzählen Kinder von ihrer Zukunft, Greise von ihrer Kindheit.

Dich zu verletzen, kommt der Freund dir näher als der Feind.

Man ist und scheint gern mehr, als man ist,
damit man mehr zu sein scheint, als man scheint.

Lebenstüchtigkeit ersetzt heute Lesefähigkeit durch Schreibschwäche.

Atombomben beweisen nicht, dass wir aus den Atomen bestehen,
in die sie uns zerlegen.

Ich sage euch nur, was ich denke – dass ihr denkt.

Offen wird diskutiert unter Ausschluss geschlossener Gesellschaften.

Klärt, wo Klarheit schadet. Was geboren wird, wird mundtot gemacht,
totgeschlagen, totgesagt, totgeschwiegen oder verunfallt.

Man schätzt zu wissen, was man zu schätzen weiß.

Vielerlei Schmutz bekämpft *eine* Reinheit.

Ich will weder Krieg noch Frieden. Und kriege Krieg mit beidem.

Werden Ideale im Leben verwirklicht, verschwinden sie in der Realität.

Wer mit beiden Beinen auf der Erde steht, vergeht eher als weiterzugehen.

Wahrheiten und Lügen können einander beweisen.

Der Bürger war immer geschmeichelt,
dass ein verhinderter Lustmörder in ihm stecken soll.

Viele (üb)erleben, wenige leben und töten, manche beleben, alle sterben.

Unsichtbarste Elementarteilchen haben still teil am Wüten der Elemente.

Zeitlebens werden wir an Wahrheiten, Irrtümern und Lügen gehindert.

Die Kirchen selbst haben die Sünde abgeschafft, um die Lüste zu beenden.

Was in der Vergangenheit geschah, prophezeien Zukunftsplaner.

Paradoxon der Implikation : $p \to (q \to p)\ .\&.\ \neg p \to (p \to q)$

Je mehr du um mich fürchtest, desto weniger um dich.

Drohende und bedrohte Menschen leben stärker.

Bloßes Dasein genießt sich durch Verzicht, nicht durch Verlust.

Nur Dummheit bekämpft Dummheit.

Um dein Wohl und Wehe wetteifert handwerkliches Geschick
mit blindem Schicksal.

Sein ist Schein für den, der nichts ist; Schein ist anscheinend Sein für den,
der nichts scheint.

Der Gerechte muss leiden : Wer nicht leidet, tut Unrecht.

Droben ist Draußen: In Truppen wird man Kommandeur wie Deserteur.

Kluge haben mehr Kopf zu verlieren und verlieren ihn leichter und lieber.

Was du mir neidest, das wünsch ich dir an den Hals.

Werden Mädchen von Frauen mehr gehasst als von Männern geliebt?

Hob Hegel so viel auf, weil er sich so oft bückte – und vor wem?

Ohne Fortschritte kämen wir überall hin.

Je mehr Freiheiten herrschen, desto weniger Menschen werden geboren, sie zu genießen.

Renne zu Bummelstreiks und krieche zu Geistesblitzen!

Erster Aphoristiker wird nicht schon, wer überall sonst den Kürzeren zieht.

Mann und Frau verbinden sich nicht wie Kleinfamilien zu Großfamilien.

Selbsterkenntnis ist eine Waage, die sich selber wiegen will
wie die Mutter ihr Kind im Leibe.

Am meisten lässt sich über das Schweigen (Gottes und der Lämmer) sagen

Das größte Wunder liegt vielleicht darin, dass keine geschehen (müssen).

Wir haben ein gutes, herrliches Sein : Wir sind Hab und Gut von Herren.

Gesellschaft heißt : „Mein Herr, Sie sind mein Knecht!"

Etwas tun heißt, den Lauf der Welt auf sich richten.

Kleine graue Zellen sind Kerker,
der aus größten Kerkern der Welt befreien.

Das einzelne Kollektiv besteht darauf, aus Individualisten zu bestehen.

Nach dem Tode hoffen wir auf Vertreibung aus dem Paradies
oder auf Vertriebenenparadiese.

Im Alter ist nicht mehr in Ordnung, was lange noch nicht in Ordnung war.

Da der Ewige sich sterblich macht, glaubt man, das mache uns unsterblich.

Manches Totgesagte sagt wirklich nichts mehr.

Der Aphorismus ist ein Satz über die Sprache hinaus,
an der Rechtssache und Ursache haarscharf vorbei.

Knechte sind Herren treuer und teurer als Mitknechten.

Liebe 2020 : Selbsterfahrungskurs zwischen Autisten.

Herr, gib´s ihnen, denn sie tun nicht, was sie nicht wissen.

Aphoristiker haben keine Zeit, nicht zu schreiben
oder nur wahre Dinge zu schreiben.

Der Knecht folgt den Herrn wie der Tote den Trauernden oder verfolgt sie.

Deine längst antiquierten Bücher verkaufen sich besser und teurer.

Auf Wahres fällt keiner rein, und Falsches wirkt zu wahrscheinlich.

Der Volksschüler hat genug gegen die Schule und das Leben gelernt.

Idealismus hebt die Naturzwänge auf:
Eine Idee ist eine Ursache ohne Wirkung.

Gold wirkt nicht echt, saubere Umwelt nicht natürlich genug.

Jedes Original scheint eine erste Kopie.

Das Geld liegt auf der Straße. Wer keins hat, auch.
Was hat *der Mann auf der Straße*?

„Nur eine sterile Idee wahrt ihren Rang als Idee." *(Cioran)*

Wer in einem Stall geboren wird, muss sein Kreuz tragen, bis es bricht.

Gegen die meisten Krankheiten hat der Arzt nichts.

Leben : Entweder du bekommst etwas nicht, oder es bekommt dir nicht.

Mit offenen Augen kann man kein Auge zutun.

Es ist gut, wenn es dir besser geht. Aber besser ist es, wenn es dir gut geht.

Er lockte sie in sein Bett, um ihr seine Briefmarkensammlung zu zeigen.

Der Realist übertreibt, um sich widerlegen zu lassen.

Anliegen? Geldleute legen gern in Kunst an, die auf sie anlegt.

Tabus. Durch Kriege kriegt man, was man will, Herkunft bestimmt Zukunft, es gibt Erbtrottel, Weibsteufel und nur Klassenkampf von oben.

Lebenkunst kommt von Blutrunst. Die Ausdrücke für Schlimmes werden schlimm, und ein guter Ausdruck macht eine böse Sache besser.

Die schnelllebigste Zeit wird von der jüngsten Vergangenheit langsam überholt.

Sei stolz, dass deine harmlose Post überwachungswürdig wirkt.

Mach dich oft zum Narren, damit du keiner bist.

Orgie 2000 : Lass dich verführen, sei nicht prüde, kauf den Wagen !

Man gibt mir nichts für meine Werke. Nimmt man sie wenigstens?

Ich bin Junggeselle und meine Gattin Single.

So viele sind unglücklich, obwohl sie mehr Glück als Verstand haben.

Der Autist braucht Luftwechsel, weil wir für ihn Luft sind.

Menschenliebe ist eifersüchtig auf alle, die sich und einander lieben.

Liebende bleiben zusammen, weil sie einander keine Trennung gönnen.

Christen und Atheisten halten Stammbäume des anderen für Angeberei,

Viel Kaffee regt auf. Auch wenn man ihn nicht bekommt.

Bilder werden unanschaulicher, Begriffe durchschauen nichts mehr.

Der Vorstand steht immer hinter dir – versteckt, mit Peitsche.

Nur Unmündige machen noch den Mund auf.

Schön ist bloß Selbst-, Miss- und Allgemeinunverständliches.

Weltbild : Je mehr wir auf Bildern sind, desto weniger im Bilde.

Nichtssagendes Gerede plagiiert beredtes Schweigen durch fallende Worte.

Psychologische Entschlüsse verschließen sich gern logischen Schlüssen.

Der Tiefpunkt des Lebens ist stets auf der Höhe der Zeit.

Auf Dornen gebettete Neurosen. Der *Homo erectus sapiens* zeichnet sich durch aufrechten Wolf- und Gedankengang aus.

Das meiste Großhirn ist kleingläubig und hegt kleinbürgerliche Gedanken.

Gesellschaftlicher Erfolg glänzt durch Geistesabwesenheit.

Aphorismus : Vorsätzliche Auseinandersetzung in *einem* Schlusssatz.

Heimat? Seelischer Überbau des Wohn- oder Geburtsortes:
als Welt zu klein, als Weltbild zu groß.

Das Fehlen dessen, was glücklich (unglücklich) macht,
muss noch nicht unglücklich (glücklich) machen.

Aufklärung wird immer obskurer, Esoterik immer wissenschaftlicher.

Venus- und Schuldenberge versetzen den geistigen Horizont – in Angst.

Bald wirst du auch vergessen haben, was es zu vergessen gab und galt.

Wer nicht vergreisen und vertrotteln will, darf nicht lange leben wollen.

Wer nicht mehr unter uns sein will, ist uns über, wo er uns fremd ist.

Groß ist „Fackel"-Kraus nicht, weil er nicht auch schlechtere Aphorismen als Nietzsche geschrieben hat, sondern auch viele bessere als Lichtenberg.

Mein Wissen dient dazu, Lexika zu testen.

Ein Traum bedeutet nur, dass man nur geträumt hat.

Wo nicht Vernunft und Anstand entscheiden, gilt das Recht.

Gern etwas vorschreiben lässt man sich nur von guten Autoren.

Über alles gibt es geteilte Meinungen. Man teilt die Meinung des Chefs.

Keine Meinung zu haben, ist die beste Art,
niemandem nach dem Mund zu reden.

Der Atheist fordert, dass man ihm unsichtbare Mächte zeigt.

Schwere Arbeit werde besser bezahlt, und Anfängern ist alles schwer.

Selbstzweckmäßiges hat den Zweck, Mittelmäßigkeit zu scheuen.

Bloßes Leben macht aus Gottes Erdenkloß menschliche Trauerklöße.

Gebildete sind erkennbar am Stolz auf Unwissenheiten.

Hätte man mehr Zeit für Bücher, läse und schriebe man noch weniger.

Sonntags schafft und lebt man auch nicht mehr als sonst.

Wer an die Decke geht, nach der er sich streckt, steht über den Dingen.

Lebenshunger ist keine Lebensfreude, Machthunger kein Wissensdurst.

Wir Erben von Gottes Testamenten müssten weder Schufte töten
noch uns zu Tode schuften.

Man erforscht nur noch, was man erfinden könnte,
oder erfindet Unerforschliches.

Sequenz oder Konsequenz? Der Reihenfolge meiner verfolgten Pläne
und Erinnerungen fehlt jede Folgerichtigkeit des rechten Erfolgs.

Der Künstler kränkt uns, sein Biograph rächt uns.

Gott schickt die Kriege, sein Geschöpf die *Tsunamis*.

Sag dir was, dann hörst du mich, tust was Gutes und mir leid.

Auch Sklaven sind selbstlos, doch nur Sklaven wollen Sklaven halten.

Das Gute büßt nur untätige Lücken in der Kette der Untaten.

Man treibt Unzucht, um nichts als den Verstand zu verlieren,
und Mathematik, um alles außer dem Verstand zu verlieren.

Oft beichtet man nur, indem man beleidigt.

Entweder gewinnt man etwas durch seine Geburt oder durch seinen Tod.

Nichts verschwendet Besseres besser, als sich dafür aufzusparen.

Nur Kranke achten auf ihre Körper,
gesunder Menschenverstand verachtet die Köpfe.

Wer die Lüge hasst, will oft nur Recht behalten.

Der Kluge kann seine Dummheit besser bemänteln
und der Bessere seine Bosheit.

Menschen, Mönche und Monaden

Indefinite Definitionen regierender Kriegs- und Liebesspielregeln

„Das Leben ist diesig, es nebelt sich immer wieder ein." *(Martin Heidegger)*
„Experimentieren hält auf, Lesen macht dumm und Publizieren nicht bekannt."
(Ein Biochemiker)

Wer mich fallen lassen will, muss mich erhaben machen können.

Geist ist Notdurft für den, der im Überfluss lebt, und Luxus der Armen.

Der Fachmann pariert besser als der Blödmann.

Befrei dich von dem, der dich schon frei nennt.

Es gibt bereits Schandtaten, die eine Kultur bemänteln.

Tatenloser Gedankengang: Müßiggang ist aller Laster schlimmste Untat.

Naturwissenschaft unterjocht die große Natur,
Geisteswissenschaft den großen Geist.

Stroh im Kopf wird Mist im Stall.

Bring dich um das, was dich umbringt,
und benutz mich nie als Mittel für meine Zwecke.

Wer dumm ist, bestimmen die, die sich nicht dafür halten.

Man rügt lieber die Schwächen der Besseren,
als die Stärken der Schlechteren zu rühmen.

Nickende Köpfe schütteln die Hände.

Im Streit von Körper und Geist gebe der Klügere,
im Streit von Macht und Geist der Dümmere nach.

Positur: Wer gestanden hat, dass er sich umgelegt hat, muss nicht sitzen.

Oben durch, unten auf. Philosophische Gedanken sind so tief
wie unser Schlaf, unsere Seufzer und Gottes Schweigen.

Hirnforscher haben nur noch Gehirn im Kopf.

Mancher will lieber mit Erfolg klüger als mit Köpfchen erfolgreich sein.

Zeit heißt : Vorrangiges kommt vorher, doch Erstklassiges zuletzt.

Du entscheidest, wieviel man schon vorentschieden hat,
oder man beschließt, wieviel du beschließen kannst.

Leg nie dein Geld an in Kunst, die auf dich anlegt und es mehr wert wäre,
weniger zu kosten.

Die Welt besteht so wenig aus Atomen wie eine Tasse aus Scherben.

Überlebst du in zehn Büchern, zu denen du wurdest,
oder in zwei Kindern, die dich beerdigen?

Der allseits Beliebte wird gehasst wie die Pest.

Was wird wohl einstmals (wie) nie oder schon immer gewesen sein?

Alte werden wie Kinder : Sie lernen fürs ewige Leben.

Dein Egoismus dient der Gesellschaft wie deine Selbstlosigkeit dir selbst.

Arme schuften weniger, als sie wollen, Reiche mehr, als sie müss(t)en.

Kafkaesk wird es, wenn man Kafkas Probleme hat ohne Kafkas Talent.

„Einer trage des anderen Last." Warum ist ein Christ nie der andere?

Sähe es in der Welt wirklich wie in meinem Kopf aus,
wäre sie immer noch wüst und leer oder voll blödsinniger Sorgen.

Der Furchtbare und der Furchtsame sehen sich – wie im Spiegel.

Der menschliche Geist macht auf dem Lebensweg Erfahrung
weniger mit Geistern als mit Geisterfahrern.

Dummheit besteht darin, sie zu bekämpfen.

Evolution : Ein Schaf steht zwischen Hirtenhund und Wolfshunger.

Du bist der Witz, den du nicht hast und über den kein Feind sich totlacht.

Herren haben sich noch nie totgelacht. Knechte hatten zu wenig Witz.

Die Menge erzählt : Jedes Individuum zählt – alle und sich dazu.

Liberté, égalité, fraternité : Entfesselung, Gleichschaltung, Ermordung.

Totgesagtes hat schon viele mundtot gemacht.

Du willst deine Wünsche geschickt erfüllen und erfüllst nur dein Schicksal

Nützliches ist gut, Nutzloses schön, Wahres aus- und abgenutzt.

Wahr ist Erkenntnis, die dem Erkannten gleicht, Erkenntnis des Leidens tut weh, doch Erkenntnis des Bösen ist gut, Erkenntnis des Falschen richtig.

Unwiderlegliches kann so wahr und so falsch sein
wie Unbeweisbares und Unverständliches unentschieden sein.

Drei Geisteskrankheiten der Moral : Der Wahn, gut zu sein,
die Manie, besser zu werden, und die Depression, schlecht zu sein.

Ihr Unwesen, das sie treibt, ist gerade nie das Unwesentliche an der Sache.

Haben Herzwärmer kühle Köpfe und Hitzköpfe kalte Herzen?

Der hohle oder gute Kopf macht den leeren oder guten Menschen.

Revolution beginnt mit schreibenden Sklaven
und endet nicht mit fernsehenden Shoppern.

Hegel ist vergleichbar mit unvergleichlichen Systemaphoristikern.

Seit Soziologen den Proletarier totsagen, kann der sich erholen statt erheben; seit sie den Jugendlichen besprechen, ist der mundtot gemacht.

Legst du den Stolperstein, der dir vom Herzen fällt, selbst in den Weg?

Gegengeschenke ersparen die Dankbarkeit.

Bitte jeden um Verzeihung, den du nicht kritikwürdig fandest.

Reduktion ad absurdum : $(p \rightarrow \neg p) \rightarrow \neg p$.&. $(p \,\&\, \neg p) \rightarrow \neg p$

Der Mensch lässt die Natur sozial hinter sich, das Individuum
die Gesellschaft geistig, das Schicksal den Einzelnen kosmisch.

Autonomie ohne Automobil und Automaten ist bloß Autismus.

Ist nicht nur ein deduktiver, sondern auch ein **induktiver Schluß** doch ein logischer *Wahrheitsbeweis*? Schon wenn mindestens *ein* einziger Fall x eine Funktion f erfüllt, die eine Aussage p *ohne diesen Fall x* impliziert, erfüllen auch *alle* denkbaren Fälle x diese Funktion f :   **E∑xCfxpC∏xfxp**
(Notation nach *Peano-Russell-Hilbert :*)   Bei p ≡ (x)p gilt :
(Ex) fx .→. p   ≡
⌐ (Ex) fx .v. p   ≡
(x) ⌐ fx .v. (x)p ≡
(x) . ⌐ fx v p   ≡
(x) . fx → p
Also gilt : (Ex) fx .→. p :≡: (x) . fx → p   q. e. d.

Am liebsten beweist dein Verstand deine Irrtümer,
widerlegt dein Gefühl deine Wahrheiten.

Immer weniger alte Ausdrücke verhüten,
dass wir immer mehr neue Eindrücke brauchen.

Fall mir in die Arme und nie in die Hände;
wachs dir über den Kopf und steig mir zu Kopf.

Reiche Lebensfülle mit vielseitigen Interessen ist Mangel an Ökonomie,
und mehr Disziplinen machen undisziplinierter.

Seele erfasst Welt durch Geist. Nach welchen Gesetzen entstanden alle Gesetze des Alls, und warum sind sie nur mathematisch beschreibbar?

Die Welt könnte es gar nicht geben, wäre sie so, wie wir denken.

Auch du existierst nur, weil alles anders ist, als du glaubst.

Von der Klugheit und anderen Dummheiten
Philosophisches System aus SystemsprengSätzen

Dass Wirtschafts- und Gesellschaftswissenschaftler nur noch verschämt und verschleiernd von so etwas wie "Prekariat" sprechen, kommt der sozialen Unterschicht dialektisch zu gute. Im Schutze dieses Totgeschwiegenseins kann der Arbeitssklave aller Länder sich in Ruhe erholen von der langjährigen ideologischen Indienstnahme durch totalitäre "Volksdemokratien" und sozialistische Militärdiktaturen. Mit "Prolls" sind heute nur noch grobianisch primitive Dummköpfe gemeint. Aber den proletarischen "Arbeitnehmer", der die unterbezahlten Drecks- und Knochenarbeiten zu machen hat, gibt es natürlich auch heute noch, selbst mitten im modernen Sozialstaat, er ist nur allseits unsichtbar geworden. Offiziell existiert dieser Untote in den ausdifferenzierten Hochindustrienationen gar nicht mehr. Die Sozialbürokratie beschäftigt sich noch mit seiner Vollbeschäftigung, aber in der soziologischen Forschung und öffentlichen Meinung spielt er so gut wie keine Rolle mehr. Der "Blaumann" ist kein Gegenstand politischer, volkspädagogischer oder kultureller Bemühungen mehr, sondern funktional aufgestiegen zum "Sozialpartner". Die "sozialistische" Frage scheint tot, und Hochindustriegesellschaften finden die "soziale Frage" gewerkschaftlich und sozialstaatlich prinzipiell gelöst, obwohl es breiten Konsens gibt, dass die Reichen immer reicher und die Armen immer ärmer werden, seit die "Finanzwelt" sich von der "Realwirtschaft" weitgehend abgekoppelt hat. "Handarbeit" und "Kopfarbeit" sind weiter auf verschiedene Klassen oder Schichten verteilt, obwohl der Bürger sich um harmonische Einheit von Hand und Herz, Hirn und Hoden, eifernd bemüht – wie immer vergeblich. Geistert die verdrängte Unterschicht wenigstens noch durchs Unterbewusstsein des Mittelstands?

Aphoristiker haben von allen Autoren die meiste Zeit.

Große Übersichten übersehen Miniaturen, und nur zusammenhangloser Kleinkram sieht und übersteht die großen Zusammenhänge.

Nietzsche *philosophierte mit dem Hammer*, war der Nagel zu seinem Sarg und traf ihn auf seinen Kopf.

Dem Erfahrenen kommen nur Geisterfahrer entgegen.

Oberschicht *(Sklavenhalter)* investiert, Mittelstand *(Sklavenpeitsche)* wirtschaftet, Unterschicht *(Sklave)* schuftet, und du schaust zu?

Ich möchte lieber wissen als glauben müssen, weiß aber nicht mal, was ich glaube, und glaube zu wissen, weiß jedoch kaum zu glauben.

Der greise Weise gibt sich auf reife Weise jugendlich und auf pubertäre Weise erwachsen.

Jugend bekämpft Erwachsene, weil die nicht erwachsen genug sind.

Meist wird das Kind der Erfahrung und Prinzipien mit dem Bad der Traditionen und Konventionen ausgeschüttet.

Man weiß umso mehr zu schreiben, je weniger man tun zu können glaubt.

Dein Charakter ist die Summe der Freiheitsgrade, die er dir lässt, und deine Freiheit ist das Schicksal, das dein Schicksal dir selber auferlegt.

In Kants Ideen war für seine Zeit schon zu wenig und ist für unsere Zeit noch zu viel Gott.

Niemand macht sich die Hände schmutziger als reine Kopfarbeiter.

Man is no thing, but nothing else.

Tourist? *Man* reist anders, als *man* reist.

Wer Schreibtischarbeit leisten darf, sollte weniger verdienen,
als wer Drecks- und Knochenarbeit leisten muss.

Man verzweifelt am Glauben, glaubt aber seinen Zweifeln
(und anderen Ungläubigen).

2 Wege in 1 Satz : Was macht der Mensch nicht alles mit der Welt (mit)?

Inspiration schreibt nur ab, aber wer nicht kopiert,
ist eher ein Original als originell.

Kunst verewigt Flüchtiges : Unvergängliches wird alltäglich.

Das Kleid enthält und enthüllt den Leib nicht wie der Leib die Seele
und der Körper den Corpsgeist.

Die Unberührtheit der Kultur wetteifert mit den Sackgassen der Evolution.

Was dir fehlt, forderst du von mir, und was mir fehlt, findest du bei dir.

Man hurt mit Verheirateten, aber heiratet keine Dirnen.
Man findet gut oder schlecht, was man doch nie suchte.

Ich rühme Werke, bevor ich merke, dass es meine sind,
und rüge sie, bevor ich sie als deine erkenne.

Verdient euch die Schicksalsschläge durch genug Sünden!

Kunst ist gut, *obwohl* man sie rühmt, und ist Kitsch, *obwohl* man sie rügt.

Sexuelle Aufklärung, klar, ist der aufregendere Sex.

Zeit ist der Wettkampf mit dem Menschen, wer wen totschlägt.

Leben heute : Büffeln, schuften, poppen, shoppen, sabbeln, abnippeln.

Stolz macht mich so lächerlich, wie Lächerlichkeit dich stolz macht.

Bist du noch aktiv, oder denkst du schon nach?

Gemimter Heuchler hat wahre Moral, er predigt Wein und trinkt Wasser.

Der Kulturbetrieb empfiehlt Bücher denen, die er zu Analphabeten macht.

Wohlstand wird im Mittelstand erkauft auch durch Verstand und Anstand.

Entweder bist du intakt oder im Takt.

Kunst gestaltet die Widerstände gegen die Gestaltung ihrer Gegenstände.

Was mehr ist als Geld, wird ohne Geld nichts.

Man muss eher Gedankenlosigkeit lesen können.

Als frei gilt nun der Sklave seiner Triebe, als unfrei,
wer seinem Gewissen folgt und sich beherrscht.

Wer nach allem greift, begreift nichts; wer alles erfasst, fasst nichts an.

Gäbe es *Herzensbildung*, hätte der Verstand keine Blutpumpe.

Wem reicht sein Bankvermögen so wie sein Denkvermögen?

Dass ich dich so mühsam gewonnen habe,
macht dich mir wert – und sollst du mir büßen.

Zu viele Bücher in der Welt, zu wenig Nachwelt in den Büchern.

Das Alter kann sich nicht verjüngen, doch erneuern,
die ewige Jugend nicht reif sein, doch veralten.

Nicht jeder ist gut, der sich schlecht dünkt,
nicht jeder dumm, der sich klug deucht.

Mein Leben begann mit abgeklärten Gedanken
und wird mit kindischen Gefühlen enden für die Zeit danach.

Nennst du dein Herz, was kopflos im Hirn liegt,
und dein Köpfchen, was herzlos im Bauch sitzt?

Mucker mucken nie auf.

Herzensbildung ist nicht mal Halbbildung, die sie ersetzen will.

Gott denkt, er mache vor, sein Ebenbild macht sich vor, es denke nach.

Die Utopie liegt darin, materiell so genügsam wie geistig zu werden.

Kreise mehr um dich selbst, bis du aufrecht gehst und stehst.

Astronomie ist das Gebot, sich vom Himmel kein Sternbild zu machen.

Mit aufrechtem Gang beginnt der Aufstiegswille des Lebenslaufs.

Flachsinn füllt Täler mit Bergen.

Was kein vernünftiger Schluss ist, muss noch keine originelle Idee sein.

Wirklichkeit ist die Hauptursache ihrer Nebenwirkungen.

Künftiges ist schon wieder da, Gestriges noch nicht und Heutiges zeitlos.

Mit dem Kopf lieber durch die Decke als durch die Wand?

Gottesbeweis : Der Glaube, auch ohne Ihn auszukommen
und sein Auskommen zu haben.

In eigenen Kindern zeugst du weitere Ebenbilder (deines Schöpfers).

Am gesuchtesten sind Tabu-Erfinder; tabu sind Tabu-Sanktionierer.

Modern ist der Bedarf, sich von seiner Erlösungsbedürftigkeit zu erlösen.

Wer sich die Freiheit nimmt, nimmt sie sich und andern ab und weg.

Geht dir auf, warum und wozu logische Gleichungen mal aufgehen?

Sind Logiker Naturwissenschaftler des Geistes
oder Geisteswissenschaftler der Natur?

Lasst lieber den frei, der sich selbst beherrschen kann!

Geschichte heißt, dass Leben und Tod einander nicht rückgängig machen können oder einander vorgehen lassen müssen.

Einbrecher sind wenigstens keine Ehe- und Tabubrecher.

Fragwürdigste Fragen beantworten verantwortungslose Antworten.

Gutestun ist ein Gebet, das „Gébet!" sagt.

Wirtschaft ist noch immer Gastwirtschaft:
Jeder ist Freier und Hure seines Nächsten.

Akzeptier dich so, wie du bist : inakzeptabel.

Viele Urteile verurteilen sich zu Vorurteilen gegen Vorurteile.

Himmel und Hölle haben Hand und Fuß, Herz und Hirn.

Was man nicht klauen will, muss man sich schenken lassen.

Wer immer wieder stoppt, um alles genauer zu prüfen,
wirkt zurückgeblieben, weil er weiterkommt als alle.

Wer jeden Augenblick tiefer erlebt, lebt am längsten.

Richtigkeit und Recht sind die Despoten der Demokratie:
sie gelten für alle gleich zwingend.

Ein Ideal weiß nicht, wie man hinkommt;
ein Kunstwerk weiß nicht, wozu es gut ist.

Der Arme hat nur Geist. Er braucht Geld.
Der Reiche braucht nie Geist. Er hat Geld.

Überlass alles Beliebige der Notwendigkeit,
dann überlässt der Zufall dir alle Freiheit.

Mit der Lösung ist eher die richtige Problemstellung gegeben
als mit dem Problem der richtige Lösungsansatz.

Ein Argument überzeugt, wo es durch Überwältigung unterwirft.

Selbst Gerechtigkeit kommt nicht zu recht ohne Selbstgerechtigkeit.

Den inneren Schweinehund überwindet nur ein äußerer.

Das Atom und der Kosmos täuschen noch übereinander hinweg.

Mancher genießt, dass niemand genießen kann,
oder verzichtet auf jede Lust, damit jeder lustig wird.

Wie zieht man jemanden zur Verantwortung, die er trägt?

Ein guter Chef überfordert seine Mitarbeiter so lange, bis sie auf Größenwahn verzichten, und lobt sie solange, bis sie den Mehrwert ohne Minderwertigkeitskomplexe abliefern.

Wo mehr Schein als Sein *ist, scheint* mehr Sein als Schein.

Es gibt Weltbeste in dümmsten Sportarten und in erstklassigen Disziplinen nur noch Nachzügler.

Erwachsene befolgen Regeln lieber, als sie erfolgreich zu verfolgen.

Naturforscher sind oft geistreicher als Geisteswissenschaftler,
die nur ihrem Naturell folgen.
.

Satan schlägt bewunderte Wunden, Gott tut verwundende Wunder.

Erhält nicht schon der Foetus Sterbehilfe, lassen sich Greise abtreiben.

Wissen, das mehr kostet als einbringt, ist selten und heißt Bildung.

Wer nimmt, glaubt nur zu vernehmen, was ihm mal genommen wurde.

Darwinismus : Raubtiere haben die Moral ihrer Futtertiere und umgekehrt.

Beehren heißt nicht begehren, und große Liebe ist nicht der kleinste Hass.

Es gibt Jedermann, weil er seinem Affen Zuckerbrot und Peitsche gab.

In Wahrheit oder in Wirklichkeit ist Wahrheit
so viel wie Realität oder Wirksamkeit.

Ist dir recht, wenn mir und dir recht geschieht?

Gesellschaft besteht aus Soziopathen, der Psychopath aus Kollektiven.

Die Kultur überwuchert die Natur so wie ein Urwald die Zivilisation.

Schon für ein Pfund Äpfel nimmt man nun den Weltmarkt in Kauf.

Alle tun, was einer oder keiner will.

Stirbt man, obwohl man weder Leben noch Tod verdient hat?

Ein Kunstwerk, das zweckmäßiges Werkzeug wird, ist mittelmäßiges Zeug

Manche gehen gern rückwärts, um eher jünger als älter zu werden.

Verzicht. Man opfert nicht, wovon man sich nur befreit,
doch wird man frei von dem, was man opferte?

Ist Einsamkeit Gemeinsamkeit mit gemeinem Volk?

Ludwig Klages kam nie zur Sache als Widersacherin ihrer Ursachen.

Leute machen sich Sorgen, Gedanken machen sich Köpfe.

Das Alter erwartet nur noch Erinnerungen an Erwartungen.

Die kosmische Ordnung ist so alt, dass jeder Augenblick chaotisch wirkt.

Auch der Rüstigste fällt durch seine schwere Rüstung.

Kultur ist das Trost- und Straßenpflaster auf Mutter Erde, die blutet.

Es ist eine Tatsache, dass manches gar keine ist,
und kein Fakt, dass es nur oder keine Fakten gibt.

Der Adel ward als Hofnarr der Demokraten nie enteignet.

In jedem Menschen steckt alles, was er in andere steckt.

Schwarzweißmalerei verschönt graue Theorien,
grauen Alltag und das Feldgrau(en).

Spirituelles ist nicht viel geistreicher als geistliche Spirituosen.

Ethisch wurde erst ethnisch und dann *ästhethnisch*.

Gottes Schweigen wird bered(e)t und hätte mehr zu sagen als unser Gerede

Kommerzfeind? Komm, Erzfeind!

D-RUCK. Die Hierarchie der Normen wurde Anarchie der *Normalos*.

Der eine hat einen *Studienabschluss* und lernt nichts mehr,
der andere hat keinen und lernt immer weiter.

Weihnachten ist nur kommerzchristlich? Aber schon erzchristlich
ward der Mensch vom Teufel teuer losgekauft.

Sollte man breitspurig denken und kleinspurig reden?

Nach Freud kann das Innere mehr trügen als das Äußere.

Rechte machen den Guerillero zum Gesetzesbrecher,
Linke den Rechtsbrecher zum Widerstandskämpfer.

Zwei Halbbildungen ergeben nur eine Herzensbildung.

Christus wollte alle arm sehen, damit nicht zehn alles haben
und alle anderen gar nichts.

Wer kein Schlachtvieh werden kann, muss sich melken lassen.

Demokratie ist die Freiheit, jede Meinung (ver)äußern zu dürfen
oder sich keine anhören zu müssen.

Revolutionen sind auch Aufstände von Gangstern und Irren
gegen die Erniedrigten und Erniedriger.

In einem gesunden Körper ist der Geist eine Krankheit
wie im gesunden Menschenverstand.

Eine Stelle, die du ausfüllen kannst, kann dich nicht ausfüllen, u. u.

Für einen Schweinehund bin ich zu arm.

Die besten Posten in der Wirtschaft sind weder frei noch ausgefüllt.

Wenn Bücher vom Leser mehr Opfer fordern als vom Autor,
spricht man von Literatur oder Wissenschaft.

Können ist nicht wissen, sondern Nichtwissen. Kunst tut so, als täte sie.

Wer sich Gedanken macht, denkt nicht nach und weiß noch weniger.

Wer zu weit geht, kommt nie an; wer ankommt, geht nicht weit genug.

Du siehst nichts? Guck mal hinter mich oder dich.

Es gibt hier mehr Pferdestärken als Pferde, doch mehr Reiter als Ritter.

Ich kam zu spät. *Ich sah* zu. *Man siegte* sich zu Tode.

Wer alles kapiert hat, kann endlich nach allem fragen.

Der Gipfel der Gemeinheit wurde oft bezwungen und wird immer höher.

Ein Gehirn windet sich, wenn es nachdenken soll.

Dicke Bücher werden geschrieben für alle, die keine Bonmots verstehen.

Wer keine Bücher schreibt, muss sich deshalb keine Gedanken machen.

Reiche werden hochdotiert, damit sie nichts anrühren.

Gibt es Schweine, um Gemeinheit daran messen zu können?

Multiresistente Keime der Besserung

Zwischen den Zeilen liest man viele Gedankenlosigkeit und Denkfehler.

Man ist zu schwach, Schwächen abzulegen, da sie an den Stärken kleben.

Teile die Meinung des Chefs *und herrsche* dich an!

Ist der Künstler faul, sucht er Eingebungen und Musen.

Sind ihre Tränen getrocknet, nehmen Trauerspielzuschauer ihre Plätze ein.

Aphoristiker sind kurzatmig, den längsten Atem haben Aphorismenbände.

Echter Charakter liegt darin, ihn zu spielen
oder den bloßen Schauspieler seiner selbst.

Geld ist eine Maske, die dich für dich selbst und andere verkleidet.

Trag dich nur mit dem, was dich (er)tragen kann.

Du sagst nicht, was ist, sondern was schon zu oft gesagt wurde.

Theorie & Praxis. Schreiben führt zum Handel: Ein überarbeiteter Autor ist die nächste Auflage seiner Werke, die er in den Rückenwind schreibt.

Schlagfertige machen zum Schlachten fertig, was gar nicht lebt.

Technik ist eher gefährlich durch angenehm Nützliches als durch AKW.

Der Bürger schwimmt im Geld gegen den Strom aus AKW.

Der Zeitgenosse wäscht seine Hände und Gelder in immer neuen Schulden

Leben ist ewige Ruhe nach der Sturm (im halbleeren Wasserglas).

Dem Lachen, das dir im Hals stecken bleibt, kannst du nachweinen.

Deine freie Wahl trifft dich aus heiterem Himmel ins Herz.

Liebe die Ab- und Ansichten deiner Feinde wie deine eigenen!

Was du nicht in eigenen Worten sagen kannst,
findest oder verstehst du gern falsch.

Halt dir den Nächsten durch Liebe vom Hals!

Denken ist bedenkenlos: Zivilisation erhält sich durch geistige Barbareien und zerstört sich durch kultivierteste Formen.

Gedankengebäude sind Weltbilder, nicht Wohnräume,
Theatersäle, Bürotürme oder Fabrikhallen.

Um dich dirigieren zu können, dien ich dir gratis.

Freiheit ist Beherrschtsein von fixen Lieblingsideen.

Auch Irrtümer können uns widerlegen.

Böses hat Gutes noch vor sich, Dummes hat Kluges schon hinter sich.

Du lebst, wenn du nicht(s) mehr sein kannst.

Logik bringt Triviales in geistreiche Form. *Nietzsche*: Geistreicher Ungeist

Folgt eine Konsequenz nicht aus der andern, fühlen wir uns schon lebendig

Gegenliebe eines Gegners hat den Widerstand eines Gegenstands.

Das All ist so reich, dass es sich immer neu vor uns verkleiden kann
und nicht seine Blöße zeigen muss.

Schlüsse legen sich und uns so fest wie Entschlüsse.

Ein großer Band kleiner Sprüche spiegelt den Riesenkosmos
winzigster Teilchen.

Erkenntnis: Behauptung, etwas gelte auch frei vom System, in dem es gilt.

Überschätze deine Gegner, um auf deinen Sieg stolzer sein zu können.

Der Logos ist als mystischer Weg ein methodischer Mythos.

Unbeherrschbare werden verachtet, Unverächtliche gehasst,
Unhassbare vergessen, Unvergessliche geliebt, Ungeliebte unterdrückt …

Denken heißt auch sich vorstellen, dass 1 + 1 = 1.

Sein ist Faulheit, Werden heißt Mache oder Erkanntes überleben.

Verstand verkauft alle(s) für klug.

Vieles übersehen schafft wenig Übersicht.

Mancher verliert sein Herz ans Hirn und den Verstand an seinen Bauch.

Die besten Ereignisse werden zum Glück selten erlebt
oder sind die, die besser nie stattfinden.

Nur zu hohe Ideale üben keinen Zwang aus, zu niedrige keine Anziehung.

Handgreifliches lässt sich ohne Allgemeinbegriffe so wenig begreifen,
wie ein abstrakter Begriff durch konkrete Bilder erfassen.

Ich muss Leute lieben, deren Hass ich mir nicht leisten kann.

Ich liebe es glücklich, mich unglücklich lieben zu lassen.

Unverschämt Verklemmte halten sich oft (für) offen.

Man soll sein gutes Gewissen bereuen und sein schlechtes ent-schuldigen.

Marx 2020: Der Bürger hat nichts mehr zu verlieren als seine Ladenketten.

Liebesgebot: Du kannst dich selbst mal gern haben wie deinen Nachbarn.

Dinge schweigen, als könnten sie reden.
Leute verstummen, als hätten sie nichts zu sagen.

Tolerant heißt, wer sich schlagen lässt, ohne sich für besser zu halten.

Wer alles verbessert, bewahrt zu viel; wer es konserviert, tut zu viel.

Der Schaden, den Philosophie anrichtet, ist nützlicher
als der Nutzen, den Technologie bringt.

Auch manche Übung will geübt sein.

Wir halten zusammen − aber was?

Was Gott mal auseinandergesetzt hat,
soll der Mensch nicht unausgesetzt zusammensetzen.

Wahrer Stillstand liegt im Fortschritt, der einzige Fortschritt im Stillstand.

Machst du die Fehler, die du hast, oder umgekehrt?

Mit Prozessorgeschwindigkeit vom Lebensziel weg auf Zielscheiben zu!

Tiefsinn bitte nur aus Hochstimmung, Höhenflug nur aus Erniedrigung!

Gemeine Worte, gemeinsame Wünsche und Werte, doch einsame Werke.

Die Wahrheit über beide steht zwischen dir und der Welt.

Der *entschleunigte* Zeitgenosse besinnt sich auf seine Unrast
und hastet von Raststelle zu Raststelle.

Dass fertige Fragen weniger fragwürdig sind als offene Antworten,
ist längst fraglich.

Auch Altersbashing ist schon veraltet und Jugendwahn vergreist.

Jugend will keine Regeneration der Elterngeneration sein.

Gute Hoffnung ist die Ausnahme, die die Monatsregel bestätigt,
und der Spielverderber die Ausnahme, die Spielregeln bestätigt.

Erderwärmung spart so viel Erdöl, dass sie wieder abnimmt.

„Mit gewöhnlichen Worten Ungewöhnliches sagen" *(H. Moser)*

„Weiß uns der Leser auch für unsere Kürze Dank?
Wohl kaum. Denn Kürze ward durch Vielheit leider! lang,"
(*Gotthold E. Lessing* : Die Sinngedichte über sich selbst)

Der Herr toleriert den Knecht – als Knecht.

Gott ist oft Größenwahn des Menschen, der der Größenwahn eines Affen ist : Das All ist der Größenwahn des Nichts, ein Venusberg der Größenwahn eines GeniTals, ein Schuldenberg der Größenwahn des Jammertals.

Wer sich vom Kopf auf die Füße stellt,
schlägt einen Purzelbaum der Erkenntnis (in die Flucht).

Frieden schließen heißt neuen Krieg eröffnen.

Geheimdienste sind Internet-Internisten, die unser Hirn und Herz abhören.

Wer nie nachdenkt, will auch mal auf andre Gedankenlosigkeiten kommen

Üblen Leuten wird nie übel, und keinem schwindelt, der schwindelt.

Widerstände erfahren nicht nur Niederlagen,
doch nur Widerstände erleben Niederlagen.

Was keiner weiß, kann noch falsch, und was man glaubt, wahr sein.

Veränderungen selbst verändern sich – bis zum Stillstand,
Verbesserungen verbessern sich – zum Bestialischen.

Kultur 2000 : Herden und Helden, Gruppen und Truppen, Pop or Flop.

Wer nichts nur politisch verändert, verändert sich nun genetisch.

Siegen heißt Wiederfinden, das Gegenteil von Verlieren.

Demokratie *erklärt* (uns) die Menschenrechte auf soziale Ungerechtigkeit.

Der Pünktliche enttäuscht wie einer, der nicht immer zur selben Zeit
zu spät kommt wie der Avantgardist.

Gender. Unter wen will sich eine Überlegene legen?

Freiheit ward kollektive Einzelhaft
und die *Keimzelle der Gesellschaft* zur Gemeinschaftszelle.

Ich bin gern dankbarer, als es meine Demütigung erfordert.

Erspart euch das Sparen, man verpulvert seine Armut.

Man muss nur gegen das sein, wofür man nichts kann.

Das Digitale ist nicht böse, das Böse digitalisiert sich.

Die Wahrheit ist zu sagen nur unter Folter, nie über Folterer.

Weltkriege gegen Übervölkerung heißen allerorten ab jetzt Aborte.

Einst war ich nicht klug, dann kamen auch noch Dummheiten dazu.

Du wirst nur alt, um zu entdecken, dass die Eltern damals Recht hatten. Will deshalb jeder jung bleiben?

Das schlechteste Gewissen hat, wer nichts getan hat.

Wer A sagt, muss sich auch ein B für ein A vormachen lassen.

Sprenge deinen Horizont, um nicht lesen und reisen zu müssen!

Die wahre Schilderung einer falschen Sache muss falsch sein.

Viele Standpunkte kommen zu Wort, wenig Worte zum springenden Punkt

Moderne Kommunikation leidet an Sprechblasenkrebs auf Isolierstation.

Philosophische Urfrage: Liegt die Wesensbestimmung der menschlichen Realität in der Realisierung außermenschlicher Wesensbestimmungen o. u.

Wann werden H-Bomben nur Zünder zur Kernfusion schwererer Elemente wie in Supernovae?

Du denkst, was andere nur tun.

Was man an Folgen fürchtet, setze ich als Starthilfen voraus.

Übervölkerung? Wer mehr hat, isst und ist zu viel.

Normalität wird von ihren eigenen Normen widerlegt.

„Gut" ist die Arbeit an einer Welt, in der dies Wort einen Sinn bekäme.

Wer materiell so anspruchslos wäre wie intellektuell,
hätte nicht mehr Güter als Güte.

Schnelllebige Zeit der Schrecksekundenzeiger : Gut (dran) sind Begüterte.

Komplexes ist so einfach wie Elementares kompliziert, fachsimpelt es.

Was macht gute/schlechte Maschinisten zu guten/schlechten Menschen?

Gut ist nicht ein Mensch, sondern ihn nicht Güter herstellen zu lassen,
die er nicht braucht und keiner brauchen sollte.

Eine Zeit rechtfertigt sich durch absolute Werte, die diese Zeit verurteilen.

Nur schon (selbst)bewusste Leute können so kommunizieren, dass erst Gespräch sie (selbst)bewusster machen kann. Aber was haben sie zu sagen?

Tollheit ersetzt Kühnheit.

Das große Ganze schuf sich in jeder Person seinen Kritiker, der es ergänzt.

Ich selbst bin derselbe wie ihr, mir selber ungleich, und *man* ist *jemeinig,*

Gibt's Wahrhaftigkeit ohne Wahrheit wie Richtigkeit ohne Aufrichtigkeit?

Versteht ein Konzept die Aktion besser als Praxis (sich auf) ihre Theorie?

Das All im Ball. In Aphorismen kehrt sich *imperatoria brevitas* (Kommandokürze) gegen sich selbst.

Sind überlebende Widerstandskämpfer unschuldiger als tote Opfer?

Last denkt an Lust, Lust nicht an Last. Der Mensch ist die Leute, die einst fragen werden nach denen, die einst gelebt haben (werden).

Interessanter ist, wer sich nicht für uns interessiert.

Nimm ernste Dinge so spielerisch wie Spiele ganz ernst, sagt Satan.

Was ist der Mensch? Er ist der, der so fragt und zu viele Antworten hat.

Kunst bringt Vergänglichkeit in unvergängliche Form, Erfüllung in Form von Entsagung, Entbehrung in Form von Gewährung.

Wer gegen den Pauker Kinder, nicht Menschen verteidigt, gibt ihm Recht.

Reichtum in armen Gesellschaften ist Armut in reichen.

Das Werk entsteht, wie der Künstler entstand, damit er nie vergeht.

Die Hauptrolle im Drama spielt das rollende Haupt.
Es fällt aus der Rolle, die uns missfällt.

Will alles im Gedankenbau gleichzeitig stürzen, muss es einander stützen.

Soll ich ihr Opfer werden, brauchen auch Betrüger gute Empathie.

Am meisten kannst du dem stehlen,
den du ein bisschen bei dir stehlen lässt.

Wer Urteile abgibt und nicht merken will, dass es die Urteile anderer sind,
gibt seine Menschenwürde ab.

Kommt er daheim nicht zurecht, fliegt der Mensch zum Mond.

Auch kleine Aphorismen sind *Superstrings*, die sich vielleicht erst künftig
oder nie falsifizierbar formulieren lassen.

Friedensbewegungen sollten nicht zu mächtig werden,
sie würden Kriegsbewegungen stärken.

Ungedroschene Phrasen, Bodensätze und Ungemeinplätze, Blitzschlagworte und Hinweisheiten

> Philosophie ist *„Wissenschaft der Trivialitäten*, die Husserl sie bereits in den „Logischen Untersuchungen" genannt hat und die sie am Thema *Lebenswelt, …* verwiesen aufs *Universum der Selbstverständlichkeit*, vollends werden sollte."
> *(Hans Blumenberg*: „Wirklichkeiten, in denen wir leben", Stuttgart 1986, S. 5)

Wer auf sich setzt, verliert sich. Wer gegen sich wettet, gewinnt.

Nun will jeder so selbstbestimmt sterben, wie er nie selbstbestimmt lebte.

Bücher werden geschrieben, um mit mir oder statt mit mir zu reden.

Wünsche müssen keine Werte sein, doch Wertvolles will erwünscht sein.

Die Zukunft handelt umso mehr im Dienste des Ewigen,
je mehr Gewesenes sie unwesentlich macht.

Wissen Wissenschaftler etwas genauer, wie wenig sie wirklich wissen?
Ist die Wahrscheinlichkeitstheorie mehr als wahrscheinlich wahr?

Wer *hat* denn, was er wahr- und angenommen *hat*, was er vernommen
und vergeben, vor- und nachgegeben, unternommen und übergeben *hat*?

Es gibt eher Knechte ohne Herren als Herrscher ohne Diener
und Meister ohne Jünger.

Ein Kritiker zeigt den (an), der etwas zeigt, was sich nicht zeigt.

Der Coolste gibt sich erschütterlich und eher bewegt als beweglich.

Reiß mir die Maske des Entlarvers runter, und du entlarvst den Maskierer.

Wer schwer auf Draht ist, will nicht die Drähte sehen, an denen er zappelt.

Mein *Ding an sich* ist das Gesetz, das diese Sätze eint und trennt und reiht.

Fünf Sinne halten nie inne und werden ihres (sechsten) Sinns inne.

Vergleich verkennt Verglichenes, macht Gutes schlechter, Böses besser.

Eltern sündigen, Kinder schämen sich, Enkel verspotten beides.

Man liebt, was man nicht hat, hat, was man nicht liebt, und hat nie geliebt.

Tun und Ruh´n verkürzen, Sehnen und Sinnen verlängern das Leben?

Schach dem Schach. Es zeugt nicht von Intelligenz,
sie an Spiele zu verschwenden.

Befried(ig)ung. Krieg ist Frieden mit Krieg oder Krieg gegen Frieden;
Frieden ist Krieg gegen Krieg, und Frieden mit Frieden ist Tod.

Was ungern getan wird, ist deshalb noch nicht besonders gut.

Verstehen kann ich dich nur durch Worte und mich nur ohne Worte.

Wer ist auch ungewaschen sauber und bleibt auch gewaschen unrein?

Nur Bedürfnislosigkeit hat nach Kapitalismus keinen Bedarf.

Mit schlechten Vorsätzen ist der Weg zum Himmel gepflastert.

Sprache statt Gespräche, Sprüche statt Gerede. Gute Vorsätze sind oft schlechte Voraussetzungen, um uns fortan bessere Sätze vorzusetzen.

Im Frieden muss man Geld haben, im Krieg wenigstens Recht.

Nimm dir vor, dir im neuen Jahr jene vorzunehmen,
die vorgeben, immer vornehm nachzugeben.

Auch *Mirus solitarius externus* feiert feste Feste und werkelt feste drauflos

Ich bin nicht gut, weil es mir gut tut, sondern soweit Bosheit mich abstößt.

Wer alles vernichten will, stoppe nicht vorm eigenen Vernichtungswillen.

Phänomen : Lässt sich ihre Existenz verstehen statt fühlen,
wenn das Wesen einer Sache angeschaut statt begriffen wird?

Auch Genügsamkeit hat vom Kapitalismus genug.

Wer Götter nachäfft, macht sich zum Affen
und den Baum des Lebens zur Schlange.

Solange dich nicht genug Wünsche quälen, die das Kapital nicht erfüllen
kann, beherrscht es deine Arbeit dafür.

Sünde mit Pfründe dementiert und zementiert sich.

Kannst du dich von allem emanzipieren, dann auch von der Emanzipation
selbst und, freiwillig auf Freiheit verzichtend, für alles sterben.

Hegels dialektische Idee war ein trockener Witz auf den frühromantischen
Witz und nahm alle hoch, der alle(s) hochnehmen.

Kann Schlegels romantische Ironie nie Hegels sittliche Selbstüberwindung
wieder spielend selbst überwinden und dingfest machen?

Moral heißt, die Ironie zu ironisieren und sich von allem zu distanzieren,
auch von eigener Distanzierung von allem.

Husserl? Wer das Wesen einer Sache anschaulich beschreibt,
hat sie und ihre Ursache noch nicht begrifflich bestimmt.

Ehe Existenzialisten existierten, hatte Hegel sie schon als romantische
Nihilisten entlarvt. Ehe Materialismus Materielles anhäufte, hatte Hegel
ihn schon materialisiert als geistreichen Witz auf romantische Witzbolde.

Stöbern in Schneegestöbern
Aphorismen zur Lebensweise und Todesart

„Die Aphorismen fassen das Gesamtwerk zusammen, aber erst wenn man durch das ganze Werk hindurchgegangen ist, sieht man, dass sich unter den Aphorismen unermeßliche Katakomben auftun." (*Roberto Calasso* : „Die neunundvierzig Stufen", Milano 1991, München 2005, S. 12) „...etwas Finsteres, Komprimiertes, undeutlich Heftiges ... ganz im Gegensatz zur Maxime, dieser für die vornehme Welt bestimmten und bis zur Lapidarität polierten Sentenz, während der Aphorismus ungesellig ist wie ein Felsbrocken ... (ein Stein geheimnisvollen Ursprungs jedoch, ein schwerer Meteor, der sich, kaum herabgefallen, schon in Luft auflösen will." (*Maurice Blanchot* : „L'entretien infini", Paris 1969, S. 229)

Mit Satan muss man kurzen Prozess machen
oder Kafkas lebenslangen „Prozess" schreiben.

Naturforscher glauben, durch technische Anwendung ihrer Entdeckungen schon praktisch zu handeln.

Unentschlossen schwankt der Individualist zwischen Dingen, die selber zwischen verschiedenen Möglichkeiten unentschieden taumeln.

Gottes Wort heißt: Was würde er uns eingegeben haben, wenn es ihn gäbe?
Lässt sich Sein Wesen erlesen aus dem *Buch der Natur* und Geschichte?

Der Knecht dient dem Herrn nicht wie der Aristokrat dem König
oder der Hund dem Besitzer.

Wer Kritik und Beleidigung seiner Werte erträgt, beweist vielleicht nicht Toleranz, sondern dass ihm für Opfer nichts heilig genug ist.

Mancher Autor bat den HErrgott, sein Nachlassverwalter zu sein.

Sanfte Idyllen wüten gegen Zorn und bekämpfen den Krieg.

Aphoristische *Form* ist Zuckerguss, der bitteren Pillenwirk*stoff* versüßt.

Kommt ins *Buch des Lebens*, wer das *Buch der Natur* weiterschreibt?

Weder vereinsamter Sonderling noch kinderreicher Familienvater, sondern Lebensgefährte. Weder Untermieter noch Hausbesitzer, aber Wohnungsmieter. Weder Habenichts noch Millionär, doch Aktionär. Weder Sozialhilfeempfänger noch Beamtenpensionär, aber Durchschnittsrentner. Weder ungedruckter noch berühmter Autor, aber Publizist ungelesener Werke?

„Satire darf alles." – Ihr Opfer nicht oder nichts?

Sieh mich an, was siehst du? Einen, der meinen Blick mehr sieht als mich.

Mehr Sang und Klang als Sinn und Verstand ist noch nicht poetisch, Verständnis für Unsinnbilder noch nicht Prosa.

Arme werden reicher in armen Ländern und ärmer in reichen Ländern.

Aufklärung entschleiert schon mehr, als es zu sehen gibt,
und verdeckt ihre Verkläranlagen.

Kant wandte das Bürgerliche Gesetzbuch an auf Wissen, Willen und Kunst

Die Gesellschaft entwickelt sich, bis sie in Soziologie aufgeht
wie die Seele in Psychologie.

Socializer sfumato. Sprich für alle, und du sprichst für dich gegen sie.

Eigentum ist Diebstahl, und das Recht rechtfertigt die Enteignung derer,
die es eigentlich erschufen und erschuften.

Rezitiert Zitate, denn in der Kunst zähmt keine Kraftnatur die Naturkräfte.

Heute ist der nächste Schritt zum Besseren ein vages Fernziel
und der utopischste Fortschritt die naheliegendste Gefahr.

S M Habermas : Unbestreitbar darf es nichts Unbestreitbares mehr geben.

Ganzheitlich betrachtet, wird jeder nicht mehr ganz zerstückelt,
sondern synthetisch produziert und analytisch entsorgt.

Nehmt mir alles ab, die Pakete, die Arbeit und meine Aussagen!

Untaten werden berichtet und dann verrichtet,
Wohltaten verrichtet und dann berichtigt.

Unter Existenzialisten fußte nur Sartre auf *Essentialisten*
wie Hegel, Husserl und Heidegger.

Alles kann Symbol für Sex sein, doch für was ist der Sex ein Symbol?

Witz ist die Fähigkeit, Anpassung in der Auflehnung
und Auflehnung in der Anpassung sehen zu lassen.

Freud analysierte den Witz von Kraus über Psychoanalyse,
Kraus machte Witze über Freuds Analyse seines Witzes.

Ehe : Du hoffst, wie ich zu werden, und ich fürchte, wie du zu werden.

Einst rief ein Satz hundert Dinge wach,
nun reden tausend Meinungen denselben Quatsch nach.

Einst verdrängte das Hirn den Bauch, nun verdrängt
statt verdreht der lustlose Sex dir den lästigen Kopf.

Es gibt nicht mehr Geisteskranke, als es Geist gibt,
doch so viele, wie es Zeitgeist gibt.

Man phantasiert gern die phantastischste Ordnung und Unordnung weg.

Ein Teil steckt (und versteckt sich) im Ganzen
wie das Schwert in der Scheide.

Der Fluss trägt dein Spiegelbild weg, und der Ewige sieht sein Ebenbild
im Spiegel der Zeit verschwimmen.

Menschen sind sterblich : *Etwas*, das Mensch ist, ist sterblich. Sätze sind
Prädizierungen von Prädikaten, das Subjekt jedes Satzes ist eine Leerstelle.

Dünnschädeliger Satzbauer und Satzsteller

„Moralität ohne Paradoxie ist gemein." „Philosophie - die eigentliche Heimat der Ironie." *(Fr. Schlegel)* „Wer in Sprüchen schreibt, will nicht gelesen, sondern auswendig gelernt werden." *(Nietzsche)* „Überhaupt wirkt die Zusammendrängung auf äußerste Kürze als Anforderung an den Aufnehmenden, die Transparenz des wenigen Gesagten auszuwerten. Dass hierbei alles Hintergründige leicht in einer gewissen Unbestimmtheit verharrt – zum mindesten in Vieldeutigkeit, – tut dem keinen Eintrag." *(Nicolai Hartmann: „Ästhetik", 1953, S. 184)*

Wer Motive und Folgen nicht kennt, handelt; wer sie kennt, denkt.

Keinem kommst du näher als deinem Herrn oder Knecht.

Gier nach Fleisch, Neugier auf Geist : Ich glaube nicht zu glauben, weiß nicht, ob und wieviel ich weiß, und tu vieles, um wenig tun zu müssen.

Das Gefühl sagt : Junge werden ewig leben, Alte haben nie gelebt.

Der Ankläger spielt den Richter und verhört Mutter Natur,
als wäre die Gesetzgeberin die Gesetzesbrecherin.

Wer in der Kindheit erwachsen sein wollte, will im Alter nicht jung sein.

Wirklichkeit hat nun mehr Möglichkeiten, da sie kaum Notwendigkeit hat.

Phantasie erfindet die Vergangenheit, Verstand erklärt die Zukunft.

Der Ewige wurde oft gedeutet und geändert,
um sich nicht von Ihm ändern und interpretieren zu lassen.

Schließ einem Christen die Augen, und du öffnest sie ihm.

Unter uns die vorsintflutliche Sintebbe!

Für- und Widersorgepflicht. Keine Einsicht drückt beide Augen zu.

Die Deutschen ... Adorno schützte Besonderes vor der Allgemeinheit
und verallgemeinerte oft besonders abstrakt.

Menschen machen Liebe, Liebe macht Menschen, Leute lieben Macht.

Altgeboren wird nie junggeblieben. Human(istisch) ist, dass der Mensch
sich nicht vervollkommnen, d.h. ändern will und lässt.

In Diktaturen ist nichts erlaubt, was (sich) empört,
in Demokratien alles erlaubt, weil nichts empört.

Philosophie macht zum Gegenstand, dass und warum Ihr Ursprung
und ihre Vollendung nicht zu ihrem Gegenstand werden kann.

Herrscht eher organisiertes Chaos oder anarchistische Sphärenharmonie?

Systeme und ihre Kritiker leben voneinander zu gut,
Aphoristiker und ihre Leser zu schlecht.

Man denkt nach – anderen.

Du bewegst dich in der Zeit, die in dir stoppt,
und stehst im Raum, der dich durchrast.

CT. Man will liberal sein und leugnet den freien Willen.

Unendlich klein im Weltkreis und zugleich das, um das er sich dreht?

Wahre Dummheit ist nicht Unwissenheit, sondern die Klugheit,
sie an anderen zu erkennen.

Um sich zu verewigen, brauchen Macht und Kunst einander nicht mehr.

Gutes verwirklicht Unwirkliches, Schönes entwirklicht Wirkliches,
Wahres erwirkt Wirksames, und Heiliges verwirkt unsere Werke.

Zahn der Zeit : Gewissheitsbiss mit Gewissensgebiss.

Neue Kunst zeigt nicht Unendliches im Endlichen,
sondern Enthemmung im Beschränkten.

Kultur verhält sich zu Zivilisation wie Buch zu Buchung.

Wird Pädagogik weiß, wenn Lehrer und Schüler sich zueinander verhalten
wie Seneca und Nero oder Sokrates und Plato?

„*Nur das Lapidare* — das Wahre." *(Rolf Hochhuth)*
„Nichts protziger als der lapidare Stil" *(Botho Strauß)*

De individuis nulla scientia, et abstrahendo non mentitur.

„Wer keine Zeit mehr hat, kann nur noch Aphorismen schreiben." (*R. Hochhuth*: „Was vorhaben muss man", Hamburg 2012, S. 52) „Ab siebzig hat man nur wenig Zeit noch für Geschichten und Geschichte; man sucht ihr Resümee in Aphorismen und Anekdoten: *die* Bedrohung des Romans." (a.a.O., S. 47)

Se(le)ktierer. Der Kopf leert sich durch Denken, das Mitarbeiter spart.

Ermöglichen wirkt mehr als verwirklichen, um nicht zu vernotwendigen.

Helot & Zelot. Nicht jede Gegengewalt heißt Vernunft.

Zu wissen, was uns mit Tieren verbindet, verbindet uns nicht mit ihnen. Vom Affen unterscheidet uns Wissen, wie wenig er sich unterscheidet.

Kommunikation verhält sich zum Handeln wie Schauspieler zum Helden.

Mit dem Strom schwimmt nur Totes – auch wild bewegtes.

Nichts scheint notwendig, alles könnte auch ganz anders sein : Menschgemachtes besser, Gottgeschaffenes schlechter oder alles wie gar nicht(s).

Sind alle dagegen, ist etwas dran; sind alle dafür, ist etwas faul dran.

Machtgeschützter Geist führt zu geistgestützten Verbrechen.

Bleibt man Einstein ferner als dieser dem Weltall?

Mein Weltbild steht vorm Weltall wie mein Bein vor Einstein.

Öffentliches Leben lebt vom Unveröffentlichten
und Privatsphäre vom offenen Disput.

Keine Zeit hat die Jugend, sich kürzer zu fassen,
und das Alter, Romane zu schreiben.

Körperlich fit und gesund bleibt man für spätere Geisteskrankheiten.

Auch Sehnsucht nach tiefem Gefühl ist keins mehr.

Christen exkommunizieren sich durch Kommun(ikat)ion.

Sind Romanleser Weinleser im Buch der Natur?

Gegen Sex ist die Liebe verklemmt, auch physisch voll Metaphysik.

Geschichte: Von Kundschaftern des Handelns zur Kundschaft des Handels

Feinsinn für Grobschlächtige:
Der Weg zur Hölle ist nicht von überall her gleich weit.

Man erhebt sich noch, um Erhabenes zu erniedrigen.

Ich rate dir, verrate mir keine Lösungen, sondern Rätsel,
und rate den Lösungen, rätselhaft zu bleiben.

Der Aphoristiker hat Differenzen mit zu Differenziertem
und sieht das Blätterwaldsterben vor lauter Bäumchen der Erkenntnis.

Dass ich nicht käuflich bin, ist teuer erkauft.

Ich verstehe keinen, der sich versteht, und jeden, der mich missversteht.

Sind wir so schwach gegen unsere Schwächen,
damit unsere Stärken nicht gleich mitgehen?

Auch das unfallfreie Auto fuhr von Anfang an allen in die Glieder.

Wo milde Stimme wilde Dinge sagt, dringt alle Härte auf Zärtlichkeit.

Fingerhut voll Vernunft. Unbegreiflich, dass manches verständlich ist,
aber durchschaut bitte, warum und wozu alles undurchsichtig bleibt!

Aphoristiker lieben nicht kranken und blanken,
aber ranken und schlanken Hass auf beliebig Beliebtes.

Ist das expandierende All seinen vielen Elementarteilchen gewachsen
oder umgekehrt?

Tut mein Gutestun mir zu gut, um gut zu sein?

Stumpfsinn macht scharf und spitzfindig, bis Überspitztes abstumpft.

Reiß den großen Zusammenhang aus jedem unabhängigen Individuum!

Man hofft immer, auf bloße Hoffnung verzichten zu können.

Wahrheit ist ein Tyrann ohne Truppen, Wirklichkeit ein Heer ohne Führer.

Leben : Banalstes produziert und verleugnet Originellstes.

Novellen : Ein Gesetz bricht das nächste wie das vorige.

Gott sitzt so wenig im Himmel wie Satan im Atom.

Sklavenhalter wurden Sklavenunterhalter,
die sich damit amüsieren, sie zu amüsieren.

Wirkungen sind nicht Ziele und Zwecke ihrer Ursachen und Motive.

Erfasst endlich, dass die Würde des Unmenschen unfassbar ist!

Der Reiche kann, der Arme muss Buddhist werden,
ohne aufzuhören, arm oder reich zu sein.

Wissenschaftliche Leidenschaftslosigkeit macht leidenschaftlich Karriere.

Anführer führen an der Nase herum, die ihnen gedreht wird.

Dialektik heißt, dass (Selbst-)Behauptungen Enthauptungen sind.

Aphorismen: Aus diesen Zellen, die keine haben,
bestehen keine Organismen und Organisationen.

Würden Obdachlose philosophieren, wäre Sprache ein „Haus des Seins".

Ohne Sozialneid kommt aus, wer Privilegien deckt.

Logik ist die Kunst, schwere Dinge wie luftige Ideen zu behandeln, u. u.

Welchem Kopf entstammt die Idee von einer Idee, die keinem entstammt?

Zeit gibt es, um Widersprüche zu erzeugen und zu vermeiden : Du bist schon, was du noch nicht bist, und bist noch, was du nicht mehr bist. Etwas und sein Gegenteil können nicht zugleich, doch nacheinander sein.

Es gibt klare Dinge. Von einem zum andern wird es dazwischen unsicher.

Je pense, je suis : Ich denke nach *(Descartes)*, ich folge (ihm).

Man bedauert andauernd, dass so viele Dauer uns überdauert.

Tiefes Denken ist uns zu hoch, Oberflächlichkeit zu niedrig.

Die Unterschicht sucht keine Tiefe, der niedrigste Drang nach Höherem sucht Aufstiegschancen und ist oberflächlicher Drang nach Tiefsinn.

Homo humilis, zieh das große Arbeitslos oder bleib bloß arbeitslos!

Feigheit : Mut zur offenen Furcht.

Geschwind verschwindet am schnellsten.

Redoute Kultur : Elfenbeinturm zu Babel.

Evolution : Stammt der Mensch ab vom Teufel, der den Ewigen nachäffte?

Freiheiten, die gelassen werden, berauben der Freiheit, die genommen wird

Ein Lebensweg hat dich auf sich gehen lassen.

Heraklit 2000 : Arbeitsfriede ist die Stiefmutter aller krummen Dinger.

Wie wirken Denkvermögen und Bankvermögen aufeinander?

Die Welt enthält deinen Kopf, der sie enthält;
mein Kopf enthält eine Welt, die ihn nicht enthält.

Beerdigung : Sternenstaub zu Sternenstaub!

Dunkel ist Licht, das kein Ding trifft.

Wallfahrer : Kirchennomaden.

Freiheit flieht Erfahrung, und was du schneller umkreist, flieht dich.

Die Substanz der Lebewesen ist nicht ihr Gerippe.

Hochkultur durch Weitsprung oder Vorsprung in den Ursprung?

Religion heißt, dass das große Ganze ganz klein und das All nicht alles ist.

∞ : Wie kommt man endlich vom Endlosen zum Unendlichen?

Auch Selbstzucht kann Selbstsucht sein.

Ich leide selbstlos mit dir und helfe mir selbst, wo ich dir helfe.

Warum ist so viel Bewusstsein Pessimist, wo so viel Sein Optimist ist?

Ist deine höhere Bestimmung der tiefere Sinn meines oder deines Lebens?

Kosten höhere Werte nichts, werden auch sechs Sinne sinnlos.

Moral 2000 : Sei unzufrieden mit deiner Zufriedenheit,
doch nie zufrieden mit dieser Unzufriedenheit.

Wer glücklich war, ist zufrieden,
doch nur Unzufriedene können glücklich werden.

Gemeines Volk erhält so wenig Unterhaltung wie Unterhalt : Pop.

Fernseher : Kultureller Sozialhilfeempfänger.

Nachdenken heute heißt sich blind unantastbar vortasten, auf Tastaturen.

Nur die Vergänglichkeit des Guten (Willens) soll vergehen, doch
an der Vergänglichkeit des Schlechten (Gewissens) sich nicht vergehen.

Der Schwermütige tut so wenig wie der Zufriedene,
und dieser so wenig wie der Feigling.

Nur tiefe Depressionen beweisen, dass du hohe Ideale hattest und festhältst

Zufriedene sind weder glücklich noch unglücklich,
doch wer mal glücklich war, darf zufrieden bleiben.

Christen sind schwergläubig, und Leichtgläubige wissen alles.

Zeitgeist aus lauter zeitgemäß unzeitgemäßen Querköpfen –
frei von ihm ist nur Geist, der von Zeit befreit.

Roter Ariadnefaden sucht sein Labyrinth

Muße, die nicht anstrengt, ödet an, und Arbeit, die anödet, überanstrengt.

Schöne Zufriedenheit ist schlimme Selbstzufriedenheit, doch Glück und Zufriedenheit sind miteinander weder glücklich noch zufrieden.

Auf Arbeitsplätzen versagst du viel, auf Spielplätzen verpasst du viel.

Produktvertrieb und Freizeitvertreib.
Muße soll mühevoll, Arbeit abenteuerlich sein.

Denkt der Philosoph mal nach, wenn er mal nicht philosophiert?

Massenkommunikationsmittel isolieren massiv, und Einsamkeit verbindet.

Massen sind dümmer als Menschen und Gemeinschaften gemeiner.

Wer immer der Dumme ist, wurde klug verdummt.

Urteilskraft? Dummheit ist eselsschlaue Unfähigkeit oder guter Unwille, ganz Besonderes der Allgemeinheit ganz unterzuordnen.

Mörder, die uns zu Opfern machen, sind geisteskranker als Selbstmörder, die uns zu Illusionisten machen.

Bilder bilden nicht, und Bildung macht frei von Weltbildern.

Gibt es Bewusstseinserweiterung durch Befreiung von Bildungsmüll?

Bildung ist Einbildung, was nicht zur Aus- und Fortbildung gehört.

Theorie: höchste Form der Praxis; *Handeln:* niedrigste Form des Denkens.

Kann ich mir den Kopf zerbrechen über meine Dummheit?

Macht es glücklicher, Pech zu sehen, das fremdes Glück voraussetzt,
oder Glück zu sehen, das fremdes Elend voraussetzt?

Man hat das Glück, dass man sein Glück nicht machen kann und muss.

Wo Leid zu Neid wird, beginnt Mord oder Wettstreit,
werden Empörer zu Emporkömmlingen.

Gut ist *Sozialneid*, der nicht die Konkurrenz belebt.

Vergangenheit vergeht nur, wo sie Erinnerung wird.

Philosophie : spekulative Gedankenaustauschbörse.

Weil es Arme gibt, bekommt Reichtum den Guten schlecht
und den Bösen gut.

Freiheit : Wahlmöglichkeit zwischen beliebigen Sklavereiformen.

Zeitloser Geist in geistloser Zeit treibt nur noch reine Mathematik.

Theorie verhält sich nun zu Praxis wie Querköpfe zu Quertreibern.

Werte werden wertlos und preiswert, wo sie gleichwertig sind.

Muße macht Mühe, die Freude macht; Freizeit macht Spaß, der öde macht.

Selbstlos bringe ich mich um – deinen Tod.

Zeitgeist als desinformationsverarbeitendes Metasystem,
so unsicher wie die Armen in der Kirche.

Alles kann sich heut nur noch legitimieren durch Legitimationsbedürftiges.

Keine Wahrheit über Wirklichkeit ohne (Selbst-)Enttäuschung.

Leiden Manns *Buddenbrooks*-Generationen an Verfall
durch Vergeistigung oder an Verfeinerung durch Degeneration?

Reisen verändern die Welt, bis sie sich nicht mehr lohnen.

Herrscht durch Gehorsam! Leben ist stark genug in dem,
der überall dessen Verfall sieht, an dem er teilhat.

Wer nichts realisiert, verwirklicht sich selbst.

Heiße Eisen anzupacken, gehört schon zum alten Eisen.

Lebenspraxis ist Fachidiotin für die Halbwelt, Kunst für die ganze Welt.

Ich bin nicht so schlecht, wie ich wirke. Ich bin wirklich schlechter.

Kleinkram passt vieles in den Kopf, Großes nur weniges.

Traumdunkle Jugend will Aufklärung, desillusioniertes Alter Geheimnis.

Man täte mehr Gutes, wäre es schwerer und verboten.

Wer kein Fachidiot ist, ist oft einfach ein Idiot.

Wer Kinder aufklärt, woher sie kommen,
sagt ihnen lieber, wohin sie gehen sollen.

Wer nicht lebt, kommt besser durchs Leben.

Für welche Themen sind Aphorismen zu einsilbig und Romane zu dick, ohne dass Gedichte, Dramen und Erzählungen Auswege wären?

Der Mächtige fühlt sich verfolgt von seinem Machtsystem, das ihn gefangen hält, und bekämpft es, bis es ihn vor seinen Opfern nicht mehr schützt.

Liebe heißt : Ich mach und mag dich leiden.

Eine Welt, die jeder sich selbst herstellt, kann ihn nicht mehr widerlegen.

Deutsches Leben ist der Weg vom Nichtdichter zum Nichtdenker.

Wahrheitsfindung : In dubio pro teo contra meum.

Der Dienstweg zur Hölle ist der Elfenbeinturm des Himmels.

Wer vom Paradiesbaum aß, erkannte, was gut und böse, doch nicht,
was wahr und falsch, schön und fad, dumm und klug ist.

Er fand den kleinen Unterschied immer größer als sie.

Systeme pfuschen dem Aphoristiker ins Stückwerk, Leser ins Kunstwerk,
Hörer ins Mundwerk und Sprücheklopfer am Fließband ins Handwerk.

Wer nicht fragen kann, erhält ständig Antworten.
In die Tiefe steigt, wer in einem Himmel wurzelt.

Wollte der Ewige mit Urknall und Evolution,
dass man glaube, auch ohne Ihn zu können?

Trägheit tritt auf der Stelle technischen Fortschritts,
Höchstgeschwindigkeit hat nicht das *Licht der Vernunft*.

Wie man's *nicht* macht, ist es auch nicht richtig.

Das Leben geht seinen Gang, aber schlägt es deinen Bremsweg ein?

Nichts folgt auf den Ewigen – der aus nichts folgt.

Es gibt Ihn, und der Ewige gibt Es : All-es. Sein Tod ist auch unser ewiger.

Klettern, das ist die Höhe, die Tiefe ist der Fall und nicht mein Fall,
und ohne Schüsse keine Breitseite.

Wissen können heißt nicht glauben wollen.

Der Leib spielt das Skelett einer Seele.

Antworten fragen nach neuen Fragen, aber erneuern auch die alte Frage,
die sie beantworten und nicht verantworten.

Ich suchte Zufallsfunde, besuchte Erfinder und fand Versuchungen.

Kriech zu Kreuz, bis dein Herr über seinen Größenwahn fällt.

Die Hölle liegt über der Höhe, der Himmel unter der Tiefe.

Denken beginnt, wo 1 = 1 miss- und unverständlich wird.

Quanten, Quarks und Strings im Kopf
Systematisch Fragmentieren oder aphoristische Systeme?

Wachs über dich hinaus, wurzele unter dem Grund.

Gemeinsamkeit ohne Einsamkeit macht gemein.

Zum Glück habe ich keins und bin unterglücklich.

Ist eine Gesellschaft, die Asoziale ausschließt, l(i)ebenswerter und gesellschaftsfähiger als ein Asozialer, der die Gesellschaft ausschließt?

Mancher fühlt sich als Individualist, der nur alternative Kollektive wählt.

„Fromm hab ich gefrevelt" (Antigone), und selbstlos war ich (allen) böse.

Wer sich in alles einbringt, bringt es zu nichts.

Der Gutmensch ist kein schlechter Bösewicht,
der Teufel oft ein schlechter Gottesamateur.

Wir steigen, wo wir uns versenken in unser Versinken.

W-ORT. Der linke Autor macht seinen Lehnstuhl zum Auflehnstuhl und bleibt auf seinen 26 Buchstaben sitzen.

Was zerschneidet das Band zwischen den Aphorismen eines Bandes?

Auf Brettern vor dem Kopf stehen Lettern, die die Nachwelt bedeuten.

Diem perdidi. Was du dir ausdenkst, denkst du ins Aus.

Freiheit vom ganzen Kram der Krämerseelen wurde zu neuem Kleinkram.

Geschulte Kompetenz, sich Wissen anzueignen, bleibt gern Unwissenheit.

Gute Leute preisen liberalen Egoismus, Egoisten linken Sozialismus.

Selbstlos helfen hieß mal selbstbestimmt leben.

Wer mit 18 Mucker war, ist nie jung, wer mit 80 noch jung ist, veraltet.

Urzeitliche Vorwelt und zeitgemäße Nachwelt : Überzeitliche *Hinterwelt*.

Wahrheit wirkt als Illusion,
ihr durch Desillusionierungen nahe genug zu kommen.

Der Ewige schreibt Weltgeschichte als Biographie der Menschheit.

Wird die Sprache transparent für die Sache oder die Welt für das Wort,
und ist Transparenz selbst eine durchsichtige Sache?

Instinkt gehört zum Verstand der Evolution und Intellekt zu ihrem Instinkt.

Man verpönt Systeme, weil sie Bruchstücke des Unendlichen sind,
und beschränkt sich systematisch auf überfragmentiertes Denken.

Er zerschlug unser Götzenbild von Ihm durch ein aufgeklärtes Weltbild,
damit Seine biblischen Tipps unglaublich glaubwürdig wirken.

Trächtig von dir, entbinde von dir und trachte nach Welt oder betrachte sie.

Quanten: Im Kleinsten beeinflusst auch der winzigste Zuschauer das Spiel.
(Es gibst nichts Praktischeres als eine gute Theorie, schrieb Kant.)

Ich bin wirklich nur ich – unendliche Möglichkeiten, die an andere gehen.

Die Wahrheit liegt nur in (der Nähe) der Mitte,
um die sie oder die um sie herumeiert.

Ontologik : Nichts will sein, das nichts sein will.

Nulla dies sine linea. Liest der Systematiker mehr zwischen aphoristischen
Zeilen oder der Aphoristiker zwischen den Häuserzeilen des Systems?

Der Besetzer wie Besatzer sitzt bombenfest auf dem, was er besitzt.

Als (Binsen-)Weisheit wird Wissen(sdünkel) zum (Treppen-)Witz
an und bei der Sache.

Höhere Vernunft reflektiert das Abgrundtiefe so wenig
wie die Hölle den Himmel.

Die Bibel verhält sich zur Menschenrechtserklärung
wie ein guter Tipp zur Utopie.

Wie gut siehst du, wie schlecht du siehst? Du willst es richtig sehen?
Dann sieh es verkehrt verkehrt herum.

Es zählte immer zur Realität, unwirklich, und zur Fiktion, real zu wirken.

Du folgst allen, denen du vorangehst, gehst aber nicht allen voran,
die du verfolgst.

Dein „Geschick" schwankt zwischen Schicksal und Geschicklichkeit.

Wem ist es erlaubt, dir etwas zu erlauben, und muss ich tolerieren,
dass ich etwas tolerieren soll?

Die Gegenwart ist kein erster Augenblick der Zukunft mehr,
sondern die Gleichzeitigkeit aller toten Traditionen.

Ein Aphorismus ist ein ganzes Streitgespräch in *einem* Schlusssatz.

Mein Wort will keine Leser verletzen, sondern nur ihr dickes Fell zeigen.

Friedrich (von) Schlegel

Ein schwer erziehbarer und zu schwermütiger Selbstreflexion neigender, ein narzisstisch verschlossener und selbstmordgefährdeter Knabe, der später Ritter des päpstlichen Christusordens und von Metternich zum k.u.k. Legationsrat nobilitiert werden sollte. Sein älterer Bruder August Wilhelm war ihm Vater, Freund und Erzieher, beide "Götterbuben" wurden zu "Dioskuren der Kritik". Die Französische Revolution, Fichtes Wissenschaftslehre und Goethes Wilhelm Meister waren die Sterne seiner Jugend, und Goethe wie Fichte ließen sich seine Bewunderung voller Bewunderung gefallen. Später nannte Goethe ihn "den immer Hetzenden und immer Gehetzten und eine rechte Brennnessel".

Sein Freund Novalis schrieb ihm 1796 : "Mein Lieblingsstudium heißt im Grunde wie meine Braut. Sophie heißt sie − Philosophie ist die Seele meines Lebens." "Philosophische Nachforschung (ist) für mich selbst eigentlich immer die Hauptbeschäftigung geblieben", gestand der "gereifte Querpfeifer" noch 1827 in seiner gegen den deutschen Idealismus gerichteten "Philosophie des Lebens". Den. arabesken Eros der "Lucinde" (1799) ersetzte er später durch die christliche Caritas, frivole Athenaeum-Fragmente wichen religiösen Fragmenten. Lob von Frechheit und gottähnlichem Müßiggang, Witz und Ironie der "kritischen Chamfortaden", Paradoxie und republikanische "Symphilosophie", wurde alles der Kirche geopfert? Die "ungewöhnliche Ansicht des gewöhnlichen Lebens" mutierte von universaler Kritik über den mystischen Pantheismus Schellings zu katholischem Personalismus. Die christlichen Sakramente vollendeten ihm nur die mythologischen Allegorien, Signaturen und "Hieroglyphen der Natur". Vier bedeutende Zeitschriften hatte er geleitet : "Athenäum"(l798-1800), "Europa" (1803-1805), "Deutsches Museum"(ab 1812) und "Concordia"(1820-1823). Der junge Protestant Friedrich Schlegel schrieb Fragmente à la Chamfort, der ältere Katholik Schlegel hätte Fragmente à la Joubert schreiben können.

Seine Frau Dorothea, die älteste Tochter Mendelssohns, hatte sich von dem Bankier Veit scheiden lassen, für den sie protestantisch konvertiert war, und beide Protestanten konvertierten 1803 katholisch, um heiraten zu können. Nach der Bekehrung begann die Jagd auf Schlegel : "Fast soll er schon fett, bequem und schwelgerisch wie ein Mönch sein", hetzte Schwägerin Caroline. Erst war er seiner Umgebung zu frech gewesen und dann zu fromm, erst allzu freigeistig und dann zu geistlich, entrüstete Ernst Robert Curtius sich über die meist klein(bürger)liche Entrüstung, die Fritz Schlegel bis heute herruft.

"Man findet mich interessant und geht mir aus dem Wege ... Wo ich hinkomme, flieht die gute Laune, und meine Nähe drückt", schrieb der "kalte Witzling", klassische Gräkomane und brillante "Sonderling, das ist ein Narr mit Geist". Die "Moderne" war für ihn "Übergewicht des Charakteristischen, Individuellen und Interessanten", ein "Streben nach dem Neuen, Piquanten und Frappanten". Das Naive mit dem Sentimentalischen, die antike "Kunst der Begrenzung" wollte er vermitteln mit moderner "Kunst des Unendlichen" im romantischen Roman. „Die größte Inkonsequenz in Fichte ist, daß das reine Sein lebendig sein soll und doch ohne Mannigfaltigkeit": Wirkliche Individuen seien aus dem reinen Begriff nicht herausdifferenzierbar. War das schon Adorno lange vor Adorno?

Im Kreise von Novalis, Tieck, Schleiermacher, Schelling, Fichte und ihren Frauen wurde heiß "symphilosophiert" über individualistische Originalität, Religion der Freundschaft und der Liebe, Universalität und liberale Progressivität. "Ich kann von meinem ganzen Ich gar kein anderes enchantillon geben, als so ein System von Fragmenten, weil ich selbst dergleichen bin", schrieb er 1797 an seinen Bruder. "The most heterogeneous ideas are joked by violence together" *(Samuel Johnson)*. Fritz Schlegel wollte auch in der Religion die "poetische Reflexion immer wieder potenzieren und wie in einer endlosen Reihe von Spiegeln vervielfachen" durch "steten Wechsel von Selbstschöpfung und Selbstvernichtung". Das religiöse Opfer sei "die Vernichtung des Endlichen, weil es endlich ist... Vernunft ist frei und selbst nichts anderes als ein ewiges Selbstbestimmen ins Unendliche ... In der Begeisterung des Vernichtens offenbart sich zuerst der Sinn göttlicher Schöpfung." – "Igel" : Aphoristische Bruchstücke sind die "zerbrochenen Gefäße" der Kabbala, welche die göttlichen Lichttropfen auffangen. Demut tritt auf als Ironie : "Durch sie setzt man sich über sich selbst hinweg." Es sei "Selbstparodie", durch die "man sich über alles Bedingte unendlich erhebt, auch über eigene Kunst, Tugend oder Genialität." Später verwarf Schlegel die Eitelkeit in dieser Art von Demut. "Ironie ist klares Bewußtsein der ewigen Agilität, des unendlich vollen Chaos".

In der Jenaer Vorlesung "Über Transzendentalphilosophie" von 1800 nahm "Herr Friedrich mit der leeren Tasche", immer in Geldnot, die antiidealistische Nichtidentitätsphilosophie Adornos vorweg. Seine "Reise nach Frankreich" führte zum "Kosmopolitismus der europäischen Kultur". Die Franzosen lieben ihn so, wie die Deutschen ihn als "rückwärts gekehrten Propheten" bis heute verachten. Erst von Paris aus sah er, wie weit er Deutscher war, und begann den "Weg nach innen" in den "göttlichen Urgrund". Der Begründer der deutschen Indologie und historischen Geisteswissenschaften dachte, dass in Asien "alles in Einem mit ungeteilter Kraft aus der Quelle springt", während in Europa "der Geist des Menschen zersetzen, seine Kraft sich ins Unendliche teilen" solle und wolle.

"Die Vernunft ... bringt es nicht weiter als bis zu einem leblosen Es." 1812 schrieb Schlegel, "daß jedes wahrhafte Du eine Liebe voraussetzt, die mehr ist... als die Vernunft... Nur in diesem Du aber wird das tote Es, das notwendige Wesen der Vernunft, zu jenem Er, dem lebendigen Gott ... und nur dadurch wird das ewig in sich kreisende und schwindelnde Ich aus sich selbst herausgerissen und mit diesem furchtbaren Er im liebevollen Du verbunden." — Deutete diese personale Dialogreligion nicht schon auf Buber und Scheler voraus?

Die preußischen Protestanten hatten den Schwaben Hegel, die katholischen Habsburger den Preußen Schlegel für ihre christliche Geschichtsphilosophie. Könige wurden wie bei Novalis nicht hofiert, sondern am göttlichen Gesetz gemessen, gewogen und zu leicht befunden. Die Träumer Schlegel und Novalis waren realistischer als ihre Verächter : Wo die politische Revolution in Frankreich pervertiert und in Deutschland vereitelt schien, blieb nur Kants "Revolution der Denkungsart" übrig, um nicht utopistisch zu verschwärmen. Vom französischen Republikanismus ging es bei Hegel zur preußischen und bei Schlegel zur österreichischen Erbmonarchie, aber die katholische Kirche entschied sich dann doch für Sankt Thomas und gegen den "Blei-Schlegel", die evangelische Kirche entschied sich für Luther und gegen Hegel. Die Protestanten Kant, Fichte, Schelling, Hegel, Marx und Schopenhauer teilten Luthers Antisemitismus: Katholik Schlegel war die große Ausnahme, die das "Bürgerrecht der Israeliten" zeitlebens einforderte. Er war auch kein Sprachrohr Metternichs.

Jacobis "salto mortale in den Abgrund göttlicher Barmherzigkeit" sprach er so wenig heilig wie Hegels "Pietismus der Vernunft". In den "vier Systemhäuptern" Kant (Verstand), Jacobi (Wille), Fichte (Vernunft) und Schelling (Phantasie) sah er alle Möglichkeiten der "Übereinstimmung des Denkens mit sich selbst" erschöpft. Dieser "erste Cyklus der deutschen Philosophie" sei nach 1800 "ganz beschlossen und vollkommen vorübergegangen". Hegels "absoluter Stumpfsinn für alles Göttliche bei einem unendlichen Fluss und Zufluss des leeren, abstrakten Denkens" sei der "edlen Inkonsequenz Fichtes unterlegen. Hegel nannte Schlegels Subjektivismus das "absolute Böse", und Schlegel nannte die Staatsfrömmigkeit Hegels satanisch. Die Dialektik, die sie verbinde, war nach Kierkegaard wichtiger als die Konfession, die sie trenne.

Seine Vorlesungen waren Literatur-, Philosophie- und Religionsgeschichte zugleich. Wo die reale Geschichte stockte, blühte der mystische Rationalismus Schlegels als paradoxe messianische Vereinigung alles real Unvereinbaren in der Welt. Der Messias ist noch nicht erschienen, das Ding an sich noch keine Erscheinung, das Sein noch nicht vom Bewusstsein bestimmt, das Ideal noch nicht realisiert, die Objekte entsprechen noch nicht ihrem Inbegriff; Gesetzgeber, Weltenrichter und Heiliger Geist sind noch gewaltgeteilt, Gott und die Welt noch unversöhnt, Mann und Frau noch nicht Ein Fleisch, Gehalt und Gestalt sind noch Feinde, die Seele ist noch nicht im Himmel und der Himmel noch nicht auf Erden. "Gott werden, Mensch sein, sich bilden, sind Ausdrücke, die einerlei bedeuten", Menschheit sei "absolute Synthese absoluter Antithesen" von Bildungsbürgern. Die Gesellschaft werde reformiert durch "Geselligkeit, das *wahre* Element der Bildung, die den *ganzen* Menschen zum Ziel hat". Dass er organisches Wachstum gegen gesellschaftliche Organisationen ausspielte, wurde ihm bis heute nicht verziehen. "Das Ich des Ichs ist das Potenzieren; das aus sich Herausgehen das Wurzelausziehen der Mathematik". Jeder Satz enthalte seinen Gegensatz schon in sich und jeder Spruch seinen eigenen Widerspruch : Jedes Teilchen treibe sein Gegenteil aus sich hervor, um sich durch seine Antithesen hindurch weiterzuentwickeln. Friedrich Schlegel antwortete auf Fichte mit katholischer Sinnenfreude, Marx auf Hegel mit materieller Praxis. Kierkegaard und Schlegel waren nicht fromm, sondern verteidigten die Religion nur so, dass sie die moralische Allgemeinheit übersprangen und die Ästhetik ästhetisch angriffen. Genuin religiöse Schriftsteller waren sie gerade als ästhetische Psychologen. Zehntausende von Fragmenten seiner "Philosophischen Lehrjahre" (1775-1828) : Sein Hauptwerk war die streng aphoristische Weigerung, eines zu schreiben. Was er von Plato sagte, gilt für ihn : "Er ist nie mit seinem Denken fertig geworden". Mit Platon verband ihn lebenslang der "Trieb nach Tätigkeit" als "Sehnsucht nach dem Unendlichen" durch dialektische Selbstaufhebung alles Endlichen hindurch. Baader, Görres und Adam Müller? Seine Freunde Tieck und Schleiermacher vermuteten, "er habe auch im Katholizismus kein endgültiges Genügen gefunden und kurz vor seinem Tode davon abzurücken begonnen." Die Jenaer Frühromantik war die vielleicht reflektierteste Kunst-Epoche der deutschen Geistesgeschichte. Egon Friedell schimpfte sie einen irrationalistisch verkleideten Hyperrationalismus, eine hinter Projekten und Programmen schlau versteckte poetische Impotenz, propagandasüchtig und publikumsfeindlich zugleich mit den als Kunstmärchen maskierten Satiren. Friedell spielte den Idealisten Novalis aber ganz zu Unrecht gegen den Rationalisten Schlegel aus, dem er doktrinären Geniekult vorwarf. Sind Schlegels Grenzen nun Grenzen der romantischen Germanistik oder eher der katholischen Internationale?

"Wir haben an Friedrich Schlegel viel gutzumachen, denn kein großer Autor unserer Blütezeit ist so missverstanden, ja, so böswillig verleumdet worden, schon zu seinen Lebzeiten, aber merkwürdigerweise auch noch lange darüber hinaus, ja, eigentlich bis auf die unmittelbare Gegenwart", schrieb E. R. Curtius 1932, und diese Worte gelten noch heute. Sein Wiederentdecker Joseph Körner und die Philosophen Dilthey und Dempf haben daran nichts ändern können – bis heute eigentlich. Harro Zimmermanns moderne Biographie versucht, ihm besser gerecht zu werden.

Wissen, Witz oder Weisheit? *Zitatsachen zu Theorie und Praxis*

Lucius Annaeus Seneca (um 4 v.Chr. bis 65 n.Chr.)

"Diejenigen allein leben in Muße, die ihre Zeit der Weisheit widmen, sie allein leben wahrhaft, denn sie nutzen nicht nur ihre eigene Lebenszeit gut, sondern sie machen sogar jedes andere Zeitalter zu dem ihrigen." *(Seneca:* "Von der Kürze des Lebens")

"Nein, ich verweise dich auf die edlen Wissenschaften; zu ihnen muss jedermann sich flüchten; sie werden die Wunden heilen und alle Traurigkeit gänzlich verscheuchen." "Wer sich zu den Wissenschaften zurückzieht, der entgeht allem Lebensüberdruss und wird nicht aus Ekel am Tageslicht die Nacht herbeiwünschen. Man ist weder sich zur Last, noch anderen entbehrlich." *(Seneca :* "Von der Gemütsruhe") "Wenn du Muße haben willst für den Geist, so musst du arm sein oder dem Armen ähnlich. Deine Bemühungen darum können nicht erfolgreich sein ohne das Bemühen um Genügsamkeit, Genügsamkeit (autarkeia) jedoch ist freiwillige Armut." *(Seneca :* Brief an Lucilius 17,5)

"Belaste dich nicht mit viel Gepäck. Nichts von dem, was wir haben, ist notwendig. Kehren wir zurück zum Gesetz der Natur, und unser Reichtum liegt bereit. Was wir notwendig haben, ist umsonst und wohlfeil. Brot und Wasser verlangt die Natur. Daran ist niemand arm. Wer darauf seinen Bedarf einschränkt, mag mit Jupiter selbst wetteifern an Glückseligkeit." (epist. 25, 4) "Der kürzeste Weg zum Reichtum ist die Geringschätzung des Reichtums." (ep. 62,3)

Arthur Schopenhauer: "Aphorismen zur Lebensweisheit", 1851

"Es gibt größere Ursache zu dem Glück, das aus uns selbst stammt, als aus dem, das aus den Dingen kommt." *(Metrodorus)*

"Denn was Einer für sich selbst ist, was ihn in die Einsamkeit begleitet und was Keiner ihm geben oder nehmen kann, ist offenbar für ihn wesentlicher als Alles, was er besitzen, oder auch was er in den Augen Anderer seyn mag. Ein geistreicher Mensch hat, in gänzlicher Einsamkeit, an seinen eigenen Gedanken und Phantasien vortreffliche Unterhaltung, während von einem Stumpfen die fortwährende Abwechselung von Gesellschaften, Schauspielen, Ausfahrten und Lustbarkeiten, die marternde Langeweile nicht abzuwehren vermag." (21 f.)

"Die Leere ihres Innern, das Fade ihres Bewußtseyns, die Armut ihres Geistes treibt sie zur Gesellschaft, die nun aber aus eben Solchen besteht; similis simili gaudet." (25)

"Sokrates sagte, beim Anblick zum Verkauf ausgelegter Luxusartikel: "wie Vieles gibt es doch, was ich nicht brauche." " (22)

"Menschen werden nicht durch Dinge erregt, sondern nur durch ihre Meinungen darüber." *(Epiktet :* Encheiridion)

"Der geistreiche Mensch wird vor Allem nach Schmerzlosigkeit, Ungehudeltseyn, Ruhe und Muße streben, folglich ein stilles, bescheidenes, aber möglichst unangefochtenes Leben suchen und demgemäß, nach einiger Bekanntschaft mit den sogenannten Menschen, die Zurückgezogenheit und, bei großem Geist, sogar die Einsamkeit wählen. Denn je mehr Einer an sich selbst hat, desto weniger bedarf er von außen und desto weniger auch können die Übrigen ihm seyn. Darum führt die Eminenz des Geistes zur Ungeselligkeit." (35 f.)

"Was Einer dem Anderen seyn kann, hat seine sehr engen Grenzen: am Ende bleibt doch Jeder allein, und da kommt es darauf an, wer jetzt allein sei." (39) "Anregung geben ihm die Werke der Natur und der Anblick des menschlichen Treibens, sodann die so verschiedenartigen Leistungen der Hochbegabten aller Zeiten und Länder, als welche eigentlich nur ihm genießbar, weil nur ihm ganz verständlich und fühlbar sind. Für ihn demnach haben Jene wirklich gelebt, an ihn haben sie sich eigentlich gewendet..." (45 f.)

"Das Glück gehört denen, die sich selbst genügen." *(Aristoteles:* Eth. Eudem. VII, 2) "Weisheit ist gut mit einem Erbgut, und hilft, daß Einer sich der Sonne freuen kann." *(Kohelet 7,12)*

"Muße ohne Wissenschaften ist der Tod und das Grab des lebenden Menschen." *(Seneca:* epistola ad Lucilium 82)

"Denn die freie Muße eines Jeden ist soviel wert, wie er selbst wert ist." (50)

"Videtur beatitudo in otio esse sita, sagt Aristoteles (Eth. Nic. X, 7)." (50) "Dem entspricht auch, daß Aristoteles (Eth. Nic. X, 7,8,9) das philosophische Leben für das glücklichste erklärt. Sogar gehört hierher, was er in der Politik (IV, 11) sagt: "seine Trefflichkeit, welcher Art sie auch sei, ungehindert üben zu können, ist das eigentliche Glück"." (50)

"Ball, Theater, Gesellschaft, Kartenspiel, Hasardspiel, Pferde, Weiber, Trinken, Reisen usw. Und doch reicht dies Alles gegen die Langeweile nicht aus, wo Mangel an geistigen Bedürfnissen die geistigen Genüsse unmöglich macht." (53)

"Als die oberste Regel aller Lebensweisheit sehe ich einen Satz an, den Aristoteles beiläufig ausgesprochen hat, in der Nikomachäischen Ethik (VII, 12): "Der Vernünftige geht auf Schmerzlosigkeit, nicht auf Genuß aus."" (131)

"Um nicht sehr unglücklich zu werden, ist das sicherste Mittel, daß man nicht verlange, sehr glücklich zu seyn." (136)

"Demgemäß wird die möglichste Einfachheit unserer Verhältnisse und sogar Einförmigkeit der Lebensweise, so lange sie nicht Langeweile erzeugt, beglücken; weil sie das Leben selbst, folglich auch die ihm wesentliche Last, am wenigsten spüren läßt : es fließt dahin, wie ein Bach, ohne Wellen und Strudel." (147)

"Ganz er selbst seyn darf Jeder nur, so lange er allein ist: wer also nicht die Einsamkeit liebt, der liebt auch nicht die Freiheit: denn nur wenn man allein ist, ist man frei. Zwang ist der unzertrennliche Gefährte jeder Gesellschaft, und jede fordert Opfer, die umso schwerer fallen, je bedeutender die eigene Individualität. Demgemäß wird Jeder in genauer Proportion zum Werte seines eigenen Selbst die Einsamkeit fliehen, ertragen, oder lieben. Denn in ihr fühlt der Jämmerliche seine ganze Jämmerlichkeit, der große Geist seine ganze Größe, kurz, Jeder sich als was er ist." (150 f.)

"Ein Hauptstudium der Jugend sollte seyn, die Einsamkeit ertragen zu lernen; weil sie eine Quelle des Glückes, der Gemütsruhe ist." (152)
"Die Einsamkeit ist noth: doch sei nur nicht gemein; So kannst du überall in einer Wüste seyn." *(Angelus Silesius)*

"In diesem Sinne kann man Auch die Gesellschaft einem Feuer vergleichen, an welchem der Kluge sich in gehöriger Entfernung wärmt, nicht aber hineingreift, wie der Tor, der dann, nachdem er sich verbrannt hat, in die Kälte der Einsamkeit flieht und jammert, daß das Feuer brennt." (164)

"Es gibt drei Aristokratien: 1) die der Geburt und des Ranges, 2) die Geldaristokratie, 3) die geistige Aristokratie. Letztere ist eigentlich die vornehmste." (165)

"Alle Geister sind dem unsichtbar, der keinen hat." (186)

"Das Schicksal mischt die Karten, und wir spielen." (213)

"Alle Dinge sind herrlich zu sehn, aber schrecklich zu seyn." (226)
"Man muß lange gelebt haben, um zu erkennen, wie kurz das Leben ist."

(230) "Die Stunden des Knaben sind länger als die Tage des Alten." (236) "Was Einer "an sich selbst hat", kommt ihm nie mehr zugute als im Alter." (246)

"Zum Wege der Taten befähigt vorzüglich das große Herz; zu dem der Werke der große Kopf ... Der Hauptunterschied ist, daß die Taten vorübergehen, die Werke aber bleiben ... Von Alexander dem Großen lebt Name und Gedächtnis: aber Plato und Aristoteles, Homer und Horaz sind noch selbst da, leben und wirken unmittelbar." (113 f.)

"Demnach ist es ein schlechtes Kompliment, wenn man, wie heut zu Tage Mode ist, Werke dadurch zu ehren vermeint, dass man sie Taten tituliert: Denn Werke sind wesentlich höherer Art. Eine Tat ist immer nur eine Handlung auf Motiv, mithin ein Einzelnes, Vorübergehendes ... Ein großes oder schönes Werk hingegen ist ein Bleibendes, weil von allgemeiner Bedeutung, und ist der Intelligenz entsprossen, der schuldlosen, reinen, dieser Willenswelt wie ein Duft entsteigendes." (114)

Theodor Adorno empfand eine "steigende Aversion gegen jegliche Art von Praxis, in der mein Naturell und die objektive Aussichtslosigkeit von Praxis in diesem geschichtlichen Augenblick zusammenfinden mögen." (Brief an Günther Grass, 1968)

"Die große Kunst des Denkens besteht darin, Taten überflüssig zu machen." (Fritz Diettrich) "Daß nicht die Worte, sondern Taten zählen, wird alle freuen, die nichts zu sagen haben." (Beat Schmid)

"*Lathe biosas:* Lebe im Verborgenen": "Wenn auch die Sicherheit vor den Menschen bis zu einem gewissen Grade eintritt durch eine bestimmte Macht, Störungen zu beseitigen, und durch Reichtum, so entspringt doch die reinste Sicherheit aus der Ruhe und dem Rückzug vor der Masse." *(Epikur,* Lehrsatz XIV)

"Kinder aufziehen ist eine unsichere Sache; geht es gut, dann hat man davon ein Leben voll Kampf und Sorge gehabt; geht es schlecht, ist der Kummer bitterer als jeder andere." *(Demokrit :* Fragment 275)

"Mir scheint es nicht gut, Kinder zu bekommen. Denn ich sehe darin viel schwere Gefahren und viel Kummer, dagegen nur selten Gewinn, und auch dieser ist nur klein und unbedeutend." *(Demokrit :* Fragment 276)

"Demokrit lehnt Ehe und Kinderzeugung ab, weil daraus viel Unerfreuliches entspringe und man dadurch von notwendigeren Geschäften abgehalten werde." (*Clemens von Alexandria* : Vermischte Schriften II 138 = 68 A 170)

Francis Bacon von Verulam (1561 – 1626) :

"Wer Weib und Kinder besitzt, hat dem Schicksal Geiseln gegeben, denn sie sind Hindernisse, wo etwas Großes unternommen werden soll, entweder Gutes oder Böses. Bekanntlich sind die besten und für das Gemeinwohl verdienstvollsten Werke von ehelosen und kinderlosen Menschen ausgegangen, die sowohl mit ihrer Zuneigung wie mit ihrem Vermögen gleichsam die Allgemeinheit geehelicht und versorgt haben … : Es gibt aber auch Menschen, deren Pläne, obwohl sie unverheiratet sind, mit ihnen selbst endigen. Die Zukunft ist ihnen gleichgültig. Ja, es gibt sogar auch solche, die Weib und Kind nur als Last betrachten … Die verbreitetste Ursache der Ehelosigkeit ist jedoch der Freiheitsdrang, zumal bei manchen ichlebigen und verschrobenen Naturen, die für jedwede Beschränkung derart empfindlich sind, daß sie fast so weit gehen, ihre Gürtel und Strumpfbänder als Stricke und Fesseln zu sehen. Die Unverheirateten sind die besten Freunde, die besten Herren, die besten Diener, aber nicht immer die besten Untertanen. Sie sind immer in der Lage durchzubrennen, wie denn fast alle Überläufer jenem Stande angehören." *(Francis Bacon:* "Essays", Kap. 8, London 1625)

Aristoteles (384 – 322 v.Chr.) :

"Sind sie mit diesen (lebensnotwendigen) Dingen zur Genüge versehen, so braucht der Gerechte immer noch Menschen, an denen und mit denen er gerecht handeln kann, und so auch der Besonnene und der Tapfere und alle übrigen - der Weise dagegen kann sich der geistigen Schau hingeben, auch wenn er ganz für sich ist, und, je weiser er ist, desto eindringlicher. Vielleicht gelingt es noch besser, wenn er Freunde hat, aber gleichwohl wäre er der Unabhängigste. Ferner gilt, daß diese Tätigkeit des Geistes die einzige ist, die um ihrer selbst willen geliebt wird, denn außer dem Vollzug der geistigen Schau erwartet man von ihr nichts weiter, während wir vom praktischen Wirken mehr oder weniger großen Gewinn noch neben dem bloßen Handeln haben."

"Wenn nun (a) unter den hochwertigen Tätigkeiten das Handeln im öffentlichen Leben und im Krieg durch Glanz und Größe zwar hervorragt, aber der Muße entbehrt, nach einem (außerhalb liegenden) Ziel strebt, und nicht an sich wählenswert ist, und wenn (b) andererseits gilt, daß das Tätigsein des Geistes, als ein Akt des Schauens, durch seine ernste Würde sich auszeichnet, nach keinem außerhalb gelegenen Ziele strebt, ferner vollendete Lust - die ihrerseits wieder die Tätigkeit intensiviert - wesensmäßig in sich schließt; und wenn (c) das Selbstgenügsame, das Ruhevolle und, innerhalb der menschlichen Grenzen, das Unermüdbare und alles, was sonst noch dem Menschen auf der Höhe seines Glücks zugeschrieben wird, an *diesem* Tätigsein in Erscheinung tritt, so folgt, daß *dieses* Tätigsein das vollendete Menschenglück darstellt, falls es ein Vollmaß des Lebens andauert... " "Ist also, mit dem Menschen verglichen, der Geist etwas Göttliches, so ist auch ein Leben im Geistigen, verglichen mit dem menschlichen Leben, etwas Göttliches." "Für das Zustandekommen der sittlichen Tat sind viele (äußere) Gegebenheiten nötig und, je bedeutender und edler sie ist, desto mehr. Für das Leben des Geistes dagegen ist nichts von alledem vonnöten, jedenfalls nicht für die reine Tätigkeit, ja, man möchte sagen, dieses Äußere ist sogar ein Hindernis - jedenfalls für die reine Schau." "Wenn man aber von einem lebenden Wesen das Handeln und mehr noch das Hervorbringen wegnimmt, was bleibt dann anderes übrig als die reine Schau? So muß denn das Wirken der Gottheit, ausgezeichnet durch höchste Seligkeit, das reine Schauen sein. Und folglich hat jenes menschliche Tun, das dem Wirken der Gottheit am nächsten kommt, am meisten vom Wesen des Glücks an sich." "Wer aber ein aktives Leben des Geistes führt und den Geist pflegt, von dem darf man sagen, sein Leben sei aufs beste geordnet und er werde von den Göttern am meisten geliebt... Daß dies aber im höchsten Grade bei dem Philosophen zu finden ist, darüber besteht kein Zweifel... Als Liebling der Götter aber genießt er auch das höchste Glück."

(Aristoteles : „Nikomachische Ethik", Buch X, 7,8,9)

Theodor W. Adorno (1903 – 1969) :

"Daß Aristoteles die dianoetischen Tugenden am höchsten stellte, hatte fraglos seine ideologische Seite, die Resignation des hellenistischen Privatmanns, der der Einwirkung auf die öffentlichen Dinge aus Angst sich entziehen muß und nach Rechtfertigung dafür sucht. Aber seine Tugendlehre öffnete auch den Horizont seliger Betrachtung; selig, weil sie dem Ausüben und Erleiden von Gewalt entronnen wäre ... Das Ziel richtiger Praxis wäre ihre eigene Abschaffung."

(Theodor W. Adorno: "Marginalien zu Theorie und Praxis", In : Stichworte. Kritische Modelle 2, Frankfurt am Main 1969, Seite 178)

"Daß alle Theorie grau sei, läßt Goethe Mephistopheles dem Schüler predigen, den er an der Nase herumführt; der Satz war Ideologie schon am ersten Tag, Betrug darüber, wie wenig grün des Lebens Baum ist, den die Praktiker gepflanzt haben, und den der Teufel im gleichen Atemzug mit dem Metall Gold vergleicht... Nichts soll sein, was nicht sich anpacken laßt; nicht der Gedanke." (169 f.) "Denken ist ein Tun, Theorie eine Gestalt von Praxis; allein die Ideologie der Reinheit des Denkens täuscht darüber." (171)

"Hat die autarkische Praxis seit je manische und zwanghafte Züge, so heißt diesen gegenüber Selbstbesinnung: die Unterbrechung der blind nach außen zielenden Aktion ... Ihre Abkunft von Arbeit lastet schwer auf aller Praxis."(172) "Die meisten Aktionisten sind humorlos auf eine Weise, die nicht weniger beängstigt als der Mitlacher-Humor anderer." (173)

"Heute wird abermals die Antithese von Theorie und Praxis zur Denunziation der Theorie missbraucht ... wer sich mit Theorie beschäftige, ohne praktisch zu handeln, sei ein Verräter am Sozialismus." (173)

"Solche Theoriefeindschaft wird zur Schwäche der Praxis. Daß dieser die Theorie sich beugen soll, löst deren Wahrheitsgehalt auf und verurteilt Praxis zum Wahnhaften; das auszusprechen ist praktisch an der Zeit." (176)

"Daß einige ohne materielle Arbeit leben und, wie Nietzsches Zarathustra, ihres Geistes sich erfreuen, das ungerechte Privileg, sagt auch, daß es allen möglich sei; vollends auf einem Stand der technischen Produktivkräfte, der den allgemeinen Dispens von materieller Arbeit, ihre Reduktion auf einen Grenzwert absehbar macht." "Mit der Trennung von Theorie und Praxis erwacht Humanität; fremd ist sie jener Ungeschiedenheit, die in Wahrheit dem Primat der Praxis sich beugt. Tiere, ähnlich wie regredierende Gehirnverletzte, kennen nur Aktionsobjekte ... " (178)

"Das Falsche des heute geübten Primats der Praxis wird deutlich an dem Vorrang von Taktik über alles andere." (180) "Pseudo-Aktivität, Praxis, die sich umso wichtiger nimmt und umso emsiger gegen Theorie und Erkenntnis abdichtet, je mehr sie den Kontakt mit dem Objekt und den Sinn für Proportionen verliert, ... ist wahrhaft angepaßt an die Situation des huis clos." (181)

"Aber das unmittelbare Tun, das allemal ans Zuschlagen gemahnt, ist unvergleichlich viel näher der Unterdrückung als der Gedanke, der Atem schöpft ... Wird der Begriff fortgeworfen, so werden Züge sichtbar wie die einseitige, in Terror ausartende Solidarität." (186)

"Wäre Praxis das Kriterium der Theorie, so würde sie ... zu dem von Marx angeprangerten Schwindel ... ; richtete Praxis sich einfach nach den Anweisungen der Theorie, so verhärtete sie sich doktrinär und fälschte die Theorie obendrein." (189 f.)

"Diejenige Theorie dürfte noch die meiste Hoffnung auf Verwirklichung haben, welche nicht als Anweisung auf ihre Verwirklichung gedacht ist ..." (190)

"Praxis, auf unabsehbare Zeit vertagt, ist nicht mehr die Einspruchsinstanz gegen selbstzufriedene Spekulation, sondern meist nur der Vorwand, unter dem Exekutiven den kritischen Gedanken als eitel abzuwürgen, dessen verändernde Praxis bedürfte."

(Theodor Adorno: "Negative Dialektik", Frankfurt/M. 1975, S. 15)

Empfohlene Aphorismenbände des Autors

„Der Mensch ist, was er verg-isst /
Kosmostheorie gegen Gemeinschaftspraxis", 2007

"Philosophische Formelsammlung – *Ambivalente Gedankenexperimente und nachsokratische Fragmente*", 2012

„Aphorismen zur Zeitaltersweisheit –
Kopfverdreher, Kopfzerbrecher", 2014

„Mit einem Satz ins Freie – *Reflexionen, Urteile und Sentenzen*", 2016

„Zwergrätsel, Satiren und Zwickmühlen –
Auswahl von Aphorismen", 2017